UN DIEU SANS NOM

Infographie : Johanne Lemay
Révision : Sylvie Massariol
Correction : Linda Nantel

DISTRIBUTEURS EXCLUSIFS :

• Pour le Canada et les États-Unis :
MESSAGERIES ADP*
2315, rue de la Province
Longueuil, Québec J4G 1G4
Tél. : 450 640-1237
Télécopieur : 450 674-6237
* une division du Groupe Sogides inc.,
filiale du Groupe Livre Quebecor Média inc.

Catalogage avant publication de Bibliothèque et Archives nationales du Québec et Bibliothèque et Archives Canada

Valois, Raynald

Un Dieu sans nom

Comprend des réf. bibliogr.

ISBN 978-2-89044-784-4

1. Dieu. 2. Philosophie.
3. Philosophie et religion. I. Titre.

BL473.V34 2010 202'.11
C2010-940078-X

01-10

Dépôt légal : 2010
Bibliothèque et Archives nationales
du Québec

ISBN 978-2-89044-784-4

Gouvernement du Québec – Programme de crédit d'impôt pour l'édition de livres – Gestion SODEC – www.sodec.gouv.qc.ca

L'Éditeur bénéficie du soutien de la Société de développement des entreprises culturelles du Québec pour son programme d'édition.

Le Conseil des Arts du Canada
The Canada Council for the Arts

Nous remercions le Conseil des Arts du Canada de l'aide accordée à notre programme de publication.

Nous reconnaissons l'aide financière du gouvernement du Canada par l'entremise du Programme d'aide au développement de l'industrie de l'édition (PADIÉ) pour nos activités d'édition.

RAYNALD VALOIS

UN DIEU SANS NOM

POUR CEUX QUI NE CROIENT PAS

Le jour
Une compagnie de Quebecor Media

À mon fils Pascal

*Je te lègue ces réflexions de philosophe pour que
tu n'oublies pas que le magnifique décor
où nous cheminons en ce monde cache une
Présence amicale encore plus solide et
plus majestueuse que tout ce que
nous pouvons imaginer.*

Introduction

Ce livre, je le porte en moi depuis des années et je savais que j'allais devoir l'écrire un jour.

Il y a des questions importantes qui occupent mon esprit depuis très longtemps. J'ai le souvenir que, dès ma tendre enfance, des doutes surgissaient dans mon esprit à la suite de ce qu'on m'enseignait à l'église et à l'école. Je me faisais répéter qu'il fallait croire en « Dieu le père tout-puissant, créateur du ciel et de la terre », etc. Pourtant, le soir, avant de m'endormir, je songeais à cette affaire, qui me laissait perplexe : « Dieu a bien créé tout ce qui existe, me disais-je, mais lui, n'a-t-il pas aussi été créé par quelqu'un d'autre ? Et cet autre, par un autre ? Mais non, me disais-je aussi, on ne peut pas remonter ainsi indéfiniment de créateur en créateur ! Dieu n'a donc vraiment été créé par personne d'autre. » Alors seulement, je pouvais m'endormir en paix.

Combien d'enfants nourrissent des telles pensées, puis les oublient à tout jamais ? Il se passe tant de choses dans l'esprit des enfants et leurs réflexions sont parfois si surprenantes! Quant à moi, j'ai conservé en silence ce précieux secret qui ne m'a jamais quitté. Qui plus est, de nombreuses autres questions, aussi fondamentales, sont venues s'y ajouter, et c'est sûrement pour chercher des solutions à toutes ces énigmes que j'ai choisi l'enseignement de la philosophie comme profession.

J'ai donc pris un sentier fréquenté par bien des esprits depuis les origines mêmes de notre civilisation occidentale. Les tout premiers philosophes grecs se sont interrogés sur les origines du monde et de l'homme. Déjà quatre siècles avant notre ère, Socrate (469-399 av. J.-C.) était condamné à mort pour avoir inlassablement remis en question les croyances et la bonne conscience de l'aristocratie athénienne. Il se décrivait lui-même comme une mouche qui pique les uns et les autres pour secouer leur torpeur. C'était un éveilleur de conscience qui ne cessait de confronter les croyances de ses concitoyens et de démasquer leurs préjugés. Il n'y a pas, disait-il, de pire ignorance que d'ignorer que l'on ignore.

Ce qui est remarquable dans son histoire tragique, ce sont les motifs qui ont été invoqués pour justifier sa condamnation. On l'accusait d'avoir renié les dieux reconnus par la cité, d'avoir introduit de nouvelles divinités et d'avoir ainsi corrompu la jeunesse. Or, le jour même où il devait boire le poison de la ciguë, il enseignait encore à ses disciples que le vrai philosophe doit aimer la mort, car c'est elle qui libérera son âme de la prison du corps pour qu'elle aille rejoindre les dieux et contempler la vérité en toute liberté. Il ne cherchait donc pas à discréditer les dieux, mais il en parlait dans un langage qui apparaissait scandaleux aux yeux de ceux qui suivaient aveuglément les croyances et les rites traditionnels.

Par la suite, la plupart des philosophes n'ont pas hésité à mettre au centre même de leurs recherches la question de l'existence et de la nature de Dieu. Presque tous ont estimé avoir démontré par la force de leurs seuls raisonnements qu'un être suprême devait être posé comme cause première de tout ce qui existe. Les athées étaient plutôt rares chez les anciens philosophes, de même que dans l'ensemble de la tradition philosophique occidentale. Par contre, depuis plus de deux siècles, le nombre des athées s'est multiplié et ils ont, pour ainsi dire, occupé le devant de la scène.

À la fin de l'Antiquité, les Grecs n'avaient plus vraiment foi en leurs divinités traditionnelles et plusieurs considéraient leurs prouesses fantastiques comme de simples fables inventées par les poètes. La philosophie, la logique, la géométrie, la médecine et les sciences naturelles prenaient alors leur essor. On aurait pu s'attendre à ce que cette éclosion de la pensée scientifique vienne mettre un terme à toute préoccupation au sujet de ce qui se passe dans l'univers des dieux. Et, de fait, certains philosophes ont alors cherché une explication purement matérialiste à l'origine du monde ; c'est le cas de Démocrite (460-371, av. J.-C.), qui soutenait que tous les êtres sont simplement le résultat de la rencontre fortuite d'atomes, sans aucune intervention divine.

Mais les penseurs les plus marquants de l'Antiquité, Platon (427-348 av. J.-C.), qui nous a transmis l'enseignement de son maître Socrate, et surtout Aristote (384-322 av. J.-C.), disciple de Platon, ont repris et approfondi la doctrine voulant qu'un dieu ou des dieux aient mis en mouvement le vaste univers qui nous entoure. Or ces deux philosophes sont justement ceux qui ont modelé le plus profondément et le plus durablement la pensée occidentale.

Encore aujourd'hui, ces questions vitales pour l'humanité n'ont rien perdu de leur actualité. Malgré le développement phénoménal de la connaissance scientifique, plusieurs demeurent insatisfaits de ce savoir, qui ne va pas vraiment au fond des choses. Ainsi, malgré la somme impressionnante des découvertes récentes, qui ne se demande pas encore comment il se fait que nous nous trouvions sur cette terre ? Pourquoi, venus de nulle part, avons-nous été jetés ici-bas comme par hasard ? Où aboutirons-nous quand, sans préavis, la mort viendra nous faucher ? Quelle est la véritable origine de cet univers qui aurait, croit-on, débuté par une formidable explosion, il y a une quinzaine de milliards d'années ?

Puis encore, si tout cela était sorti des mains d'un dieu créateur, comment se fait-il que celui-ci se dérobe si obstinément à toute rencontre avec nous ? De plus, comment expliquer qu'il laisse proliférer dans sa création tant de malheurs, tous plus terribles les uns que les autres : maladies, famines, pauvreté, cataclysmes, haines, guerres, tortures, assassinats, etc. ?

Si, au contraire, nous n'avons aucune explication à l'existence du monde, notre esprit s'en trouve-t-il vraiment plus satisfait ? Nos angoisses existentielles et notre crainte de la mort en sont-elles le moindrement apaisées ? Le philosophe romain Boèce (470-525) a formulé ce dilemme avec une admirable concision : « Si vraiment Dieu existe, d'où vient le mal ? Mais d'où vient le bien, s'il n'existe pas[1] ? »

Voilà donc des questions difficiles auxquelles, après plus de 2500 ans d'histoire, la philosophie a encore le devoir de trouver des réponses, ou d'adapter celles qu'elle a déjà trouvées aux nouvelles incertitudes qui agitent actuellement les esprits. Elle le doit d'autant plus que les explications traditionnelles fournies par la religion en laissent maintenant un grand nombre dans un incurable scepticisme. Nous n'acceptons plus facilement des doctrines fondées sur la seule croyance dans la tradition et sur des faits prétendument historiques qui échappent à toute vérification. Nous sommes maintenant habitués à débattre en toute liberté des petites comme des grandes questions qui nous concernent et sommes de moins en moins impressionnés par l'argument d'autorité.

D'ailleurs, rappelons-nous que l'esprit critique a une histoire très ancienne. Nous sommes loin d'être les premiers à remettre en question les idées reçues. Dans l'Inde du VIe siècle av. J.-C., Bouddha enseignait déjà à ses disciples : « Ne vous laissez pas guider par des rapports, par la tradition ou par ce que vous avez entendu dire[2]. » Au sujet des brahmanes, la caste des prêtres qui se transmettaient le savoir sacré de génération en génération, il disait encore : « C'est comme une file d'hommes aveugles, chacun se cramponnant au précédent ; le premier ne voit pas, celui du milieu ne voit pas et le dernier ne voit pas non plus. Ainsi il semble que l'état de brahmane soit comme celui de cette file d'hommes aveugles[3]. »

De la confusion actuelle en matière de religion, il ne faut cependant pas conclure que tout le monde est devenu matérialiste et que plus personne ne se préoccupe de la vie spirituelle. Au contraire, on entend de plus en plus de témoignages de personnes aux prises avec un appétit d'infini, d'absolu et de sacré, mais ne pouvant plus apaiser leur faim avec l'enseignement reçu dans leur enfance. C'est à ces lecteurs que je m'adresse plus particulièrement. Je veux leur dire que le sens du sacré n'est pas une fuite dans l'irréel, une simple illusion. Leurs pressentiments ne sont pas vains.

Il y a une sorte de connaissance de Dieu qui relève de l'intuition et qui a plus à voir avec les sentiments qu'avec la raison. Mais cela ne signifie pas qu'il soit impossible de faire la lumière sur ces expériences mystérieuses. L'être humain est pétri de cœur et d'imagination, mais il a aussi besoin de s'expliquer à lui-même la source de ses impressions et de ses inspirations. C'est également à cela que sert la raison.

Je suis, quant à moi, absolument convaincu qu'il est possible de se faire une idée rationnelle sur le sens de la vie et sur les grandes questions existentielles devant lesquelles nous nous trouvons tous, que nous le voulions ou non. De plus, quand nous observons la rapidité avec laquelle les Églises ont été abandonnées par leurs fidèles, il faut bien se rendre à l'évidence que les réponses devront désormais venir d'ailleurs.

C'est dans cet état d'esprit que je veux aborder, dans une perspective essentiellement philosophique, certains thèmes situés au cœur de la problématique religieuse. J'explorerai d'abord l'intuition universellement répandue de l'existence de Dieu ; je montrerai qu'il est possible de prouver rationnellement que Dieu existe et que l'on peut se faire une certaine idée de sa nature ainsi que de ses relations avec le monde et avec l'homme. Ensuite, je tenterai de voir comment nous pouvons nourrir notre vie spirituelle, maintenant que les anciennes pratiques religieuses n'ont plus cours pour la majorité d'entre nous. Enfin, je m'attaquerai à d'épineux problèmes qui en scandalisent plusieurs et entravent leur quête d'absolu : le mal qui sévit dans la création, la mort qui nous attend tous, et finalement la vie après la vie.

CHAPITRE 1

Fiez-vous à votre intuition

Aussi loin que nos investigations remontent dans le temps, nous observons que les humains ont toujours cru à des puissances surnaturelles. On y a vu l'origine de tout ce qui existe. C'est ce qui faisait dire à Cicéron (106-43 av. J.-C.), orateur et philosophe romain :

> Seul en effet il [Épicure] vit en premier lieu qu'il y a des Dieux parce que la nature elle-même a gravé une notion de leur existence dans l'âme de tous. Car quel est le peuple ou quel est le genre d'hommes qui n'ait, sans enseignement, une sorte d'idée préalable des Dieux qu'Épicure appelle la prescience [...] Il faut comprendre qu'il y a des Dieux parce que nous avons en nous impliquées, ou mieux, innées, des notions de leur être; or ce sur quoi la nature de

tous est d'accord, cela est nécessairement vrai, il faut donc reconnaître qu'il y a des Dieux[4].

Si l'on en croit Cicéron, il existerait donc une certaine façon d'appréhender la réalité, qui pourrait se ramener à ce que l'on a coutume d'appeler « intuition ». Il s'agirait d'un savoir qui se fonde sur autre chose que le témoignage de la tradition ou la connaissance rationnelle. D'ailleurs, même les découvertes scientifiques sont parfois de simples intuitions avant d'être démontrées rigoureusement. Par exemple, au XIXe siècle, la structure atomique en forme d'anneau de la molécule de benzène fut suggérée au chimiste Kekulé par un rêve, où il voyait un serpent se mordre la queue. Pourtant, qu'y a-t-il de plus irrationnel qu'un rêve ?

Grâce à l'intuition, bien avant que la raison n'atteignît la maturité qu'on lui connaît maintenant, les hommes ont entretenu nombre de théories invérifiables avec une certitude qui ne cède en rien à nos théories scientifiques actuelles. On qualifie souvent ces conceptions de superstitions et on a tendance à ne leur accorder aucun crédit. Par exemple, nos anthropologues ont été extrêmement surpris d'observer que les primitifs ne reconnaissaient aucune place au hasard et très peu aux lois de la nature dans le déroulement des événements de leurs vies. La naissance, la mort, la maladie, le succès ou l'échec de leurs entreprises, tout cela était toujours attribué à l'influence de forces surnaturelles, tantôt bienveillantes, tantôt malveillantes, ou à des pratiques de la sorcellerie. Par exemple, dans son livre *La mentalité primitive*, l'anthropologue Lucien Lévy-Bruhl (1857-1939)[5] raconte comment trois femmes s'affairaient à laver leur linge sur la rive d'un fleuve. L'une d'elles fut attrapée par un alligator surgi des flots. Pour le primitif, il n'y avait pas de hasard là-dedans: cette femme, précisément, était la victime d'un ensorcellement quelconque dont il fallait trouver le coupable.

De nos jours, quand survient un accident ou une maladie, il ne nous viendrait pas à l'esprit qu'un mauvais sort ait pu être jeté à la victime. Pour nous, tout ce qui se produit ici-bas résulte des lois de la nature, et quand celles-ci ne nous offrent plus d'explication, nous nous rabattons sur le hasard. Il s'ensuit que, dans notre vision du monde, il y a passablement d'événements qui restent inexpliqués. À ce sujet, il faut reconnaître que les primitifs manifestaient un immense besoin de comprendre ce qui arrive dans le monde.

Supposons par exemple que vous soyez victime d'un grave accident de voiture, qui vous laisse handicapé pour le reste de vos jours. Pourquoi vous plutôt que votre passager, qui s'en est tiré sans une égratignure? Nul ne le sait: c'est, direz-vous, un hasard! Dans le fond de vous-même, cette réponse ne vous satisfait nullement et vous êtes, à juste titre, révolté contre cet aveuglement du destin. À l'instar du primitif, vous pressentez qu'il y a une raison derrière cette catastrophe. Évidemment, vous n'irez pas, comme lui, vérifier si votre passager pratique la sorcellerie, mais vous vous poserez tout de même une question à laquelle la science ne pourra jamais répondre : « Pourquoi moi ? » En cela vous serez guidé par votre intuition qui pressent que, derrière les causes immédiates, il y en a d'autres plus profondes et plus mystérieuses et que, finalement, le hasard n'est peut-être qu'un nom donné à notre ignorance.

Quant à la nature véritable de l'intuition, il n'est pas facile de l'expliquer. Selon le philosophe et psychanalyste Carl Gustav Jung (1875-1961), « l'intuition est une fonction fondamentale de la psyché : c'est elle qui transmet la perception *par voie inconsciente.* [...] Elle nous présente subitement un contenu sous forme définitive sans que nous soyons en état de dire ou de comprendre comment il s'est constitué ; c'est une sorte d'appréhension instinctive de n'importe quel contenu[6] ».

L'intuition échappe en effet au contrôle de la conscience. On ne peut la susciter à volonté : elle surgit spontanément comme une pensée autonome, dotée d'une grande force de conviction. Par exemple, certaines personnes souhaiteraient bien avoir la foi, mais elles ne peuvent se la donner elles-mêmes : elles sont privées de cette intuition ou sont peut-être trop ancrées dans leur rationalisme pour la laisser émerger dans leur conscience.

L'intuition entraîne souvent une conviction contre laquelle il est extrêmement difficile d'argumenter. Celui qui la possède est alors absolument sûr d'avoir raison. Pourtant, elle n'en demeure pas moins irrationnelle, puisqu'elle échappe à toute justification. Il apparaît donc impossible de contrôler la validité de ce mode de perception de la réalité, même si nous faisons probablement tous l'expérience de sa redoutable efficacité. C'est ce qui en a poussé plusieurs à y voir une inspiration surnaturelle.

Le meilleur exemple qui me vient à l'esprit pour illustrer ce phénomène est celui du philosophe et dramaturge Éric-Emmanuel Schmitt. Dans une entrevue passionnante présentée à Radio-Canada en 2007[7], il racontait l'expérience mystique qu'il avait vécue lors d'une expédition dans le Sahara. Élevé dans un milieu athée, il était devenu lui-même agnostique, c'est-dire qu'il s'interdisait d'affirmer quoi que ce soit de certain au sujet de Dieu. Pourtant, il fut un jour foudroyé, pour ainsi dire, par une intuition irrésistible. Alors qu'il s'était perdu dans le désert, il se retrouva devant la possibilité bien réelle de mourir seul, sans pouvoir être secouru par l'équipe qui l'accompagnait. Le soir venu, au lieu de se désespérer, il fut toutefois envahi par un sentiment de paix et de confiance, accompagné de la conviction profonde que « tout est justifié; que tout a un sens, même ce que je ne comprends pas », selon ses propres mots. Ainsi lui était advenue la foi en un Dieu qui n'est « celui d'aucune religion et de toutes les religions ».

Cette intuition semble avoir été complètement irrationnelle puisqu'elle contredisait son agnosticisme décidé. D'ailleurs, selon lui, cette certitude intuitive pouvait très bien cohabiter avec ses doutes philosophiques au sujet de l'existence de Dieu. Pourtant, il s'agissait d'une conviction solide qui, disait-il, avait entraîné une profonde transformation de son attitude vis-à-vis de la vie et de ses proches.

Un tel témoignage m'a vivement impressionné, d'autant plus que le cheminement spirituel de cet écrivain apparaît plutôt comme l'inverse de celui qui fut le mien. J'ai en effet été élevé dans une famille catholique fervente, par une mère qui avait toujours le chapelet à la main et une grand-mère qui ne jurait que par la bonne sainte Anne. Cela ne m'a pas empêché de participer à la vague d'émancipation face à l'autorité de l'Église qui a déferlé sur le Québec au cours des années 1960. Comme beaucoup d'autres de ma génération, je me suis peu à peu éloigné de la pratique religieuse. Je n'ai pas pour autant perdu la foi et balancé tous les dogmes; ceux que j'ai conservés ont fini par m'apparaître comme des symboles que je n'interprète plus de façon littérale comme l'enseignement traditionnel de l'Église.

Je ne suis ainsi nullement devenu agnostique. Pour moi, l'existence de Dieu n'est pas simplement objet de foi ou de croyance. C'est aussi une évidence devant laquelle ma raison n'a d'autre choix que de s'incliner. Quand je contemple cet univers fascinant qui me soutient par la chaleur de son soleil et la fécondité de sa terre, qui me nourrit jour après jour, je ne puis faire autrement que de me sentir envahi par un profond sentiment de reconnaissance envers celui qui m'a choisi comme son invité, alors que je n'étais encore rien.

Ce n'est pas par hasard que ma vision du monde a évolué dans cette direction. Il est vrai que j'ai commencé ma vie dans un milieu où l'on ne se posait aucune question et où la foi était aveugle. Heureusement, dès mes études secondaires dans un collège hautement clérical, j'ai rencontré quelques maîtres plutôt critiques pour l'époque. J'ai ainsi appris très tôt à conjuguer ma ferveur religieuse avec un besoin pressent de tout comprendre et de tout expliquer. Alors que la majorité de mes confrères de classe s'ennuyaient dans les cours de philosophie, je dévorais avec avidité tous les textes qui me tombaient sous la main afin de trouver des réponses au lot d'interrogations et de doutes qui m'habitaient.

J'ai grandi souvent divisé entre une foi intense et des doutes non moins lancinants. C'est pourquoi, aujourd'hui, je respecte la prudence et la modestie des agnostiques ainsi que le courage des vrais athées, ceux qui ne s'affichent pas comme tels par simple conformisme. Ainsi, mes nombreuses recherches m'ont amené à entrevoir comment il pouvait être possible de démêler l'écheveau de contradictions dans lesquelles nos vies et l'univers entier semblaient, en quelque sorte, emprisonnés. Et cet effort de réflexion, je veux maintenant en partager les résultats avec vous.

À mon avis, dans l'état actuel de la conscience humaine, je crois qu'il est absolument nécessaire de trouver des explications rationnelles à nos intuitions, aussi lumineuses qu'elles puissent paraître. En effet, l'évolution de l'esprit occidental nous a conduits à développer un sens critique qui nous empêche de nous contenter de simples pressentiments. Guidés par leur intuition, nos ancêtres réussissaient à calmer leurs angoisses existentielles grâce au récit d'histoires merveilleuses auxquelles ils étaient capables de croire sans hésiter. Malheureusement, nous n'en sommes plus là. Plusieurs parmi nous sont devenus d'irréductibles raisonneurs.

Par ailleurs, s'il est vrai que l'humanité a acquis un instrument puissant de connaissance en développant à l'extrême la rationalité scientifique, elle s'est trouvée en contrepartie à affaiblir dans une large mesure sa capacité d'appréhension intuitive, qui lui avait été si précieuse au cours de son évolution. L'histoire nous apprend en effet que, dans les civilisations anciennes, il y a toujours eu des visionnaires sachant percevoir et exprimer les pressentiments qui habitaient plus ou moins secrètement la conscience de leur communauté. Ils ont traduit ces intuitions sous forme de récits mythiques symbolisant si bien les aspirations de tous qu'on les a tenus spontanément pour illuminés par les ancêtres ou par les dieux: leurs paroles furent conservées comme un héritage sacré. Quant à ces visionnaires eux-mêmes, ils furent vénérés comme des sages, des chamans, des prophètes ou des auteurs inspirés.

L'humanité a donc été éclairée sur elle-même et sur le monde par ces grands esprits, qui ont agi comme des antennes aptes à percevoir des pensées trop profondes et trop obscures pour être saisies par l'ensemble du peuple. Ils ont agi comme des miroirs, réfléchissant à leurs semblables l'image de leur réalité existentielle et de leur situation dans l'ensemble du destin cosmique. À travers ces éveilleurs de conscience, il fut révélé au peuple ce qu'il n'entrevoyait que vaguement au sujet de son origine première et de son devenir ultime. Grâce à ces révélations, l'humanité a pu évoluer vers une connaissance toujours plus claire d'elle-même et de l'univers et progresser dans une moralité toujours plus élevée.

Les Anciens croyaient que Dieu lui-même avait parlé par la bouche de ces prophètes. Nous dirions maintenant qu'il s'agit là d'esprits supérieurs, de génies comme Bouddha, Lao-tseu, Socrate, Platon, Jésus, Paul de Tarse ou Jean l'évangéliste. L'important, pour moi, n'est pas qu'on reconnaisse un caractère surnaturel à ces manifestations exceptionnelles des pouvoirs de l'esprit humain. Qui osera prétendre définir comment on peut être habité par un Esprit ou même un Dieu ? Dans leur théologie rudimentaire, certaines tribus primitives ne croyaient-elles pas que les danseurs qui tombaient en transe dans les cérémonies rituelles étaient « chevauchés » par les Esprits ?

Quoi qu'il en soit, il faut bien reconnaître que la connaissance pleinement consciente et rationnelle n'est pas seule à pouvoir nous éclairer sur l'essence du monde et sur nos rapports avec l'au-delà. Le témoignage de ces grands guides de l'humanité montre de façon éclatante comment la fonction intuitive a servi à répondre à la quête de sens.

Cette intuition du divin correspond, selon moi, à ce qu'on appelle communément la *foi*. Ce dernier terme est cependant ambigu, parce qu'on le confond souvent avec la *croyance*. Historiquement, l'intuition de Dieu, c'est-à-dire le sentiment confus de dépendance radicale par rapport à un être tout-puissant, s'est exprimée par le culte d'images ou d'idoles issues de traditions immémoriales. L'homme avait alors absolument besoin de telles représentations concrètes de l'Être invisible dont il pressentait l'existence. Il entrait ainsi en relation avec l'au-delà par le truchement des images, des récits mythiques et des rites reconnus par la collectivité et qu'il acceptait comme autant de croyances indiscutables.

Or ces représentations, qui sont, en quelque sorte, les visages que l'humanité a donnés à Dieu au cours des âges, ne doivent pas être confondues avec l'intuition elle-même qui les a suscitées : les croyances particulières varient beaucoup d'un peuple à un autre et d'une époque à une autre, tandis que l'intuition est toujours fondamentalement la même. En effet, les caractéristiques communes que toutes les traditions attribuent à leurs divinités l'emportent de loin sur leurs différences, ce qui démontre l'universalité de ces conceptions. Pensons seulement aux idées de création, de toute-puissance, de providence, d'éternité, de perfection, qui sont toujours associées plus ou moins explicitement aux êtres divins.

Avec l'évolution de la conscience, beaucoup d'anciennes représentations finissent par ne plus s'ajuster aux nouvelles exigences de l'esprit humain. C'est pourquoi bien des gens estiment maintenant inconcevables certaines croyances qui allaient de soi pour nos parents, par exemple la croyance à l'enfer et aux démons. Mais, même si nous sommes devenus sceptiques à l'égard de ces représentations, cela ne signifie pas pour autant que nous ayons perdu la foi en Dieu. Simplement, nous sommes maintenant forcés de formuler, au sujet de Dieu, des conceptions mieux adaptées à notre besoin de rationalité.

Pour comprendre comment est possible une telle transformation spirituelle, il peut être utile de comparer les mythes aux rêves que nous faisons nuit après nuit, car les mythes et les croyances qui les entourent ont quelque chose en commun avec les rêves: les uns et les autres adoptent habituellement une forme narrative, truffée d'événements surréalistes ou merveilleux. Ce sont, en quelque sorte, des habillages imaginatifs derrière lesquels se cachent des conceptions qui ne peuvent encore être exprimées de façon rationnelle au moment où elles surgissent dans la conscience. Comme pour le rêve, on doit interpréter le mythe si l'on veut en saisir le sens.

Prenons comme exemple le mythe grec d'Icare. Son père Dédale était un architecte très ingénieux, qui avait conçu un labyrinthe sur l'île de

Crète afin d'y enfermer le Minotaure, un monstre à tête de taureau et à corps d'homme. Après cette réalisation, Dédale se trouva retenu prisonnier sur cette île avec Icare. Comme il était impossible de s'évader par terre ou par mer, il décida d'utiliser la voie des airs. Il réussit donc à fabriquer, pour lui-même et pour son fils, des ailes artificielles. Pour ce faire, il colla des plumes avec de la cire. Avant de s'envoler, Dédale avertit sévèrement Icare de le suivre et de ne pas voler trop haut pour que les rayons du soleil ne fassent pas fondre la cire. Mais en cours de route, Icare, grisé par le plaisir de voler, oublia l'avertissement paternel et s'approcha du soleil si bien que la cire finit par fondre. Il fut précipité dans la mer et mourut.

Le sens de ce mythe est assez simple et représente une situation typiquement humaine. On pourrait l'interpréter de la façon suivante. Le père, qui a réussi à bâtir le Labyrinthe pour enfermer le Minotaure, symbolise l'autorité du héros civilisateur, qui instaure des lois pour contrôler les pulsions animales qui replongeraient les hommes dans la barbarie. Mais finalement il est lui-même prisonnier de ses propres lois, qui, en raison de l'évolution de l'humanité, finissent par ne plus être adaptées aux situations nouvelles. Le fils suit d'abord les traces de son père, mais veut ensuite le dépasser, ce qui est l'émancipation légitime d'une nouvelle génération. Mais il y a un danger à se révolter ainsi contre la tradition paternelle, tenue pour sacrée : on peut succomber à l'orgueil et à la démesure, et se prendre pour un dieu. Alors survient la punition fatale.

Durant le sommeil, le rêve est vécu comme un événement réel. Mais au moment du réveil, son caractère fantasmatique apparaît aussitôt. Alors celui qui a rêvé peut essayer de comprendre le sens de son rêve en se livrant à son interprétation.

Il en est un peu de même pour le mythe. Il était d'abord perçu comme un événement réel qui se serait produit dans un lointain passé, aux origines, quand les dieux et les hommes étaient encore en communication. Les civilisations traditionnelles ont cru à leurs mythes. Mais avec le temps, la conscience s'est aiguisée et le sens de la réalité concrète s'est affermi, comme si l'humanité était passée du sommeil à l'état de veille. Alors les mythes ont été soumis à la critique de la raison et leur statut de produit de l'imaginaire est devenu évident. C'est, en tout cas, ce qui s'est produit dans la Grèce antique.

Cependant, un tel processus ne devrait pas aboutir nécessairement à la dévalorisation systématique du mythe, comme ce fut le cas chez les Grecs. Comme pour le rêve, il est possible de se mettre à la recherche du sens caché derrière ses images et de le traduire dans un langage compréhensible pour les nouvelles générations. Les images du rêve étaient irréelles, mais le message qu'elles véhiculaient était absolument réel. De la même façon, on peut mettre en doute la réalité historique d'un mythe tout en reconnaissant la vérité et l'importance de l'enseignement qu'il contient.

Si l'on transpose cette attitude dans le contexte de notre rapport actuel aux symboles et aux croyances chrétiennes qui ont nourri l'Occident depuis deux mille ans, il y a lieu de se demander si le sens que la tradition leur a donné est encore valide pour notre génération. La somme impressionnante de savoirs accumulés depuis deux siècles par les anthropologues, les historiens, les exégètes et les psychanalystes nous force à repenser et à réinterpréter en profondeur notre riche patrimoine religieux. Une telle opération peut parfois avoir des allures iconoclastes, mais continuer à nous cramponner à la lecture littérale des événements fondateurs qui sont à l'origine de notre civilisation est sans doute une voie qui ne mène nulle part. C'est pourquoi, il me semble que la philosophie, en s'appuyant sur les acquis des sciences humaines et sur ses propres découvertes, est désormais appelée à jouer un rôle important dans la redéfinition de notre rapport à l'au-delà. Elle peut, je crois, comme au temps de Socrate, contribuer de façon substantielle à redessiner l'image de Dieu qui pourra maintenant donner une forme nouvelle à notre intuition du sacré.

Par ailleurs, il demeure tout de même, à côté du philosophe, nombre de poètes inspirés, de mystiques ou d'artistes de génie qui continuent à vivre des expériences spirituelles authentiques et peuvent témoigner éloquemment de l'obscure présence de Dieu parmi nous.

Le fait que le besoin de sacré doive s'exprimer aujourd'hui par de nouvelles voies ne signifie donc nullement qu'il soit éteint. Il semble même largement répandu chez des gens qui ne professent aucune religion et peuvent parfois se déclarer carrément athées. Il existe en effet aujourd'hui une conception de la personne humaine qui reconnaît à celle-ci une dignité n'ayant aucune commune mesure avec son statut dans les civilisations traditionnelles. Chez ces dernières, l'individu avait très peu de prix aux yeux de la collectivité. Devant les dieux, il se réduisait à une poussière, presque un néant. La civilisation aztèque nous en donne un exemple extrême : on n'hésitait pas à sacrifier des milliers de prisonniers au dieu Huitzilopochtli.

L'amour et le respect de ses semblables, la justice, la compassion et autres idéaux de l'humanisme actuel sont devenus pour nous des valeurs sacrées. Dans le monde entier, un nombre grandissant de personnes se dévouent corps et âme à des causes humanitaires, parfois même au risque de leur vie. Parmi elles, combien sont encore mues par des convictions religieuses, au sens traditionnel du terme ? On voit donc que l'intuition du sacré peut maintenant prendre des formes nouvelles qui permettent d'espérer autre chose qu'un matérialisme déprimant ou des guerres sans fin comme avenir pour l'humanité.

À mon avis, cette sensibilité au caractère sacré de la vie humaine équivaut à reconnaître qu'il y a du divin dans l'homme. L'homme est absolument unique et, en quelque sorte, séparé du reste de l'univers, parce qu'il est le seul de ses habitants qui se préoccupe de savoir d'où il vient et d'où viennent toutes les choses qui l'entourent.

Il y a quelque chose d'infini dans la capacité qu'il a de se percevoir lui-même en train d'exister, dans ce regard qu'il peut porter sur soi, comme s'il pouvait se placer en dehors de lui-même et se voir comme une partie du grand tout. Nous n'en sommes pas toujours conscients, mais la capacité que nous possédons de réfléchir sur nous-mêmes constitue un fait absolument insigne dans la création. L'animal perçoit ce qui l'environne, mais il ne sait pas qu'il le fait et, encore moins, ne se demande pourquoi il le fait. L'homme, lui, pense et sait qu'il pense.

Seul l'esprit peut réaliser ce prodige de la présence à soi-même qu'on appelle la « conscience », car seul l'esprit est capable de réflexion. Par suite, s'il y a esprit, il y a dépassement de la matière, comme on le verra plus loin. C'est pourquoi Aristote disait que l'intelligence humaine est quelque chose d'« immortel et éternel[8] ».

Par ailleurs, il semble que plusieurs d'entre nous se sentent suffisamment rassurés par cette sorte d'intuition du sacré pour la laisser les guider dans leur quête de sens. Ainsi, habituellement, la simple image d'une réalité supérieure qui gouverne toutes choses suffit pour apaiser leur angoisse existentielle, surtout lorsqu'ils ne sont pas devant une mort imminente. Toutefois, bien des personnes veulent aller plus loin et comprendre plus en profondeur de quels fils est tissée la toile de leur destinée.

C'est également un fait que, dans nos sociétés pluralistes, où les informations et les opinions les plus contradictoires circulent comme un flot incessant, l'individu voit ses conceptions et même ses convictions les plus solides régulièrement remises en question. C'est pourquoi ses plus belles intuitions risquent de se voir ébranlées et même réduites à néant par des discours un tant soit peu intelligents. Il se met alors à douter de lui-même et éprouve le besoin de réfléchir plus sérieusement à ces choses.

J'irais même plus loin. Quand on a une pensée le moindrement organisée, on fait soi-même des objections à ses propres intuitions afin de s'assurer que l'on ne prend pas pour des évidences des opinions qui pourraient n'être que des préjugés ou des illusions. N'y a-t-il pas une foule d'illuminés qui répandent les « révélations » les plus invraisemblables avec une assurance à toute épreuve ? C'est pourquoi la faculté de douter devient une protection essentielle dans le contexte religieux actuel.

Paradoxalement, nos sociétés hautement laïcisées paraissent particulièrement vulnérables à toutes sortes de superstitions. Les symboles religieux traditionnels y ont largement perdu leur pouvoir de mobiliser les énergies des hommes vers de grands idéaux. Il s'ensuit que le besoin de sacré risque dangereusement d'être investi dans toutes sortes de croyances que les marchands d'illusions et les faux messies ne manquent pas de proposer avec le plus grand succès.

Il semble en effet que plus la rationalité prétend à une domination exclusive dans toutes les sphères de notre vie, plus la crédulité et la superstition prospèrent, comme une espèce de réaction compensatoire. Un signe en est l'espace impressionnant occupé par le rayon de l'ésotérisme dans toutes nos librairies. La raison n'a peut-être pas d'autre choix que d'apprendre à négocier avec sa jumelle venue des profondeurs originelles de l'esprit, la dame intuition. Une ouverture même critique au mystère et à l'irrationnel constitue peut-être une excellente protection contre la menace de l'obscurantisme.

Enfin, lorsqu'on réussit à intégrer ses intuitions dans une vision du monde pleinement cohérente, on en éprouve un contentement et un apaisement qui ont leur prix. Le besoin de savoir et de comprendre est si profondément humain ! C'est pourquoi je veux maintenant tenter de montrer comment on peut, par une réflexion méthodique, soulever, jusqu'à un certain point, le voile de mystère qui enveloppe les graves questions relatives à notre origine et à notre destinée.

CHAPITRE 2

Difficile de parler de Dieu

La question de Dieu n'est pas facile à aborder dans une perspective purement rationnelle.

D'une part, elle peut susciter des débats extrêmement émotifs car elle touche à nos convictions les plus profondes, celles qui engagent toute notre vie. On n'a qu'à songer aux conflits sanglants, passés et actuels, opposant les adeptes de certaines religions. N'est-il pas absolument évident, pour peu qu'on y réfléchisse, qu'un Dieu tout-puissant n'a pas besoin qu'on le défende ou qu'on le venge en s'entretuant comme on l'a fait au cours des siècles ? Pourtant une telle pensée, si raisonnable soit-elle, s'avère totalement inefficace pour faire obstacle au fanatisme.

D'autre part, un certain tabou pèse lourdement sur cette question. Quand la religion était partagée par l'ensemble de la collectivité, on pouvait encore en discuter assez librement : ce n'était pas une affaire strictement privée. Toutefois, même à cette époque, s'il était possible d'en parler, ce n'était pas facile, car on avait peur de passer pour un bigot. Et cela est encore plus vrai de nos jours : maintenant que ce domaine relève exclusivement du choix de chaque individu, une espèce de pudeur, pour ne pas dire de honte, nous empêche d'exposer ouvertement nos convictions.

Par ailleurs, nous sommes devenus tellement tolérants en ces matières que nous ne sommes pas loin de penser que toutes les opinions se valent et relèvent, en fin de compte, de la plus stricte subjectivité. Chacun se promène avec sa vérité personnelle, qu'il cache soigneusement aux autres pour ne pas les déranger.

Enfin, la difficulté inhérente à la réflexion philosophique sur Dieu découle de son caractère extrêmement abstrait, car c'est l'objet de connaissance le plus éloigné de nos perceptions sensorielles. Il ne s'agit pourtant pas d'une question purement théorique, comme certains penseurs voudraient nous le faire croire. Elle se rattache en effet à des aspects très concrets de notre vie, comme la souffrance et surtout la mort. Que Dieu existe ou qu'il n'y ait plus rien après la mort, cela fait une énorme différence pour la plupart d'entre nous. Même, pour certaines personnes, le dialogue intérieur avec Dieu est une expérience quotidienne irréfutable. Pour ces personnes, Dieu n'a rien d'abstrait. Il s'agit cependant d'une connaissance intuitive, ce qui est très différent de l'approche rationnelle qui fait l'objet de ce livre.

Il m'apparaît donc risqué de parler de Dieu. Par définition, il se situe au-delà de tout ce que nous pouvons imaginer : il est le tout autre, l'invisible, l'infini. Qui a rencontré Dieu et peut oser en parler comme s'il l'avait vu ? Par conséquent, dans ce domaine, pour arriver à démontrer quoi que ce soit, nous en sommes réduits à devoir nous fier à notre seule capacité de raisonner. C'est pourquoi plusieurs estiment que c'est un terrain bien trop incertain, où seuls des intellectuels présomptueux oseraient s'aventurer.

Même pour de nombreux philosophes, il s'agit d'une question qui outrepasse les limites de la raison humaine. Sur un tel sujet, disent-ils, on peut tout au plus avancer des hypothèses ou entretenir de simples croyances. Mais pour ce qui est de la connaissance certaine, elle serait totalement exclue. Cette façon de voir est d'ailleurs tellement répandue que rares sont ceux qui osent encore tenter de prouver que Dieu est une hypothèse incontournable si l'on veut donner un sens à son existence et à celle de l'univers.

L'attitude actuelle dans les milieux scientifiques s'accorde bien avec ce genre d'agnosticisme. La science nous a accoutumés à l'idée qu'aucun fait ne peut être connu avec certitude, si nous ne pouvons pas le vérifier ou le confirmer par une observation visuelle ou autre, faite dans des conditions rigoureusement contrôlées.

Et lorsque nos savants procèdent à cette observation au moyen d'instruments de mesure précis, ils pensent avoir acquis une certitude encore plus grande.

Pourtant, les affirmations scientifiques sont loin de toujours porter sur des faits observables. Très souvent, il ne s'agit que d'hypothèses ou de déductions fondées sur le principe suivant : *tout phénomène naturel a une cause*. Par exemple, on n'a pas encore découvert la vraie cause du cancer. Alors on fait toutes sortes d'hypothèses à ce sujet, en espérant qu'on finira par en trouver une qui permettra d'expliquer l'ensemble des comportements cellulaires en jeu dans cette maladie. En simplifiant, imaginons que cette multiplication incontrôlable de cellules soit une réaction de défense de l'organisme pour endiguer une invasion de substances toxiques comme le goudron ou la nicotine. Si le seul fait d'éliminer ce genre de produits enrayait tous les cancers, on en conclurait que cette hypothèse était la bonne et qu'on a trouvé la cause de cette maladie. Les physiciens ne procèdent pas autrement, comme l'explique Einstein :

> Les concepts physiques sont des créations libres de l'esprit et ne sont pas, comme on pourrait le croire, uniquement déterminés par le monde extérieur. Dans l'effort que nous faisons pour comprendre le monde, nous ressemblons quelque peu à l'homme qui essaie de comprendre le mécanisme d'une montre fermée. Il voit le cadran et

les aiguilles en mouvement, il entend le tic-tac, mais il n'a aucun moyen d'ouvrir le boîtier. S'il est ingénieux il pourra se former quelque image du mécanisme, qu'il rendra responsable de ce qu'il observe, mais il ne sera jamais sûr que son image soit la seule capable d'expliquer ses observations. Il ne sera jamais en état de comparer son image avec le mécanisme réel, et il ne peut même pas se représenter la possibilité ou la signification d'une telle comparaison[9].

Voilà ce qui se produit quand plusieurs causes possibles peuvent expliquer le même phénomène : on n'est jamais sûr d'avoir trouvé la bonne. Mais, dans certaines recherches, il arrive parfois qu'on soit assuré d'avoir trouvé la vraie cause. C'est le cas, par exemple, des manuscrits de la mer Morte. Ces textes religieux, dont certains appartiennent à la Bible et datent du IIe siècle av. J.-C., ont été découverts par hasard à la fin des années 1940, au fond de grottes à proximité de cette mer. On a alors fait des hypothèses sur l'identité des auteurs de ces écrits. Cependant, aucun archéologue ne s'est demandé s'il ne s'agissait pas là d'un simple phénomène naturel : seul l'être humain a l'intelligence nécessaire pour écrire des textes. Les insectes peuvent bien grignoter le parchemin, ils sont incapables de tracer des caractères hébraïques.

À certains événements, il n'y a donc parfois qu'une seule cause possible, *une cause néces-*

saire, la seule capable de répondre à la question : pourquoi ? C'est, selon moi, le cas de ce gigantesque événement qu'est la naissance de notre univers. Comme dans l'exemple de la montre d'Einstein, la cause ne sera jamais observable parce qu'elle est obligatoirement extérieure et étrangère à cet univers. Elle est immatérielle. Mais, contrairement au mécanisme de la montre, nous verrons qu'il n'y a pas de doute possible sur la nature de ce créateur de toutes choses.

CHAPITRE 3

Qu'en est-il du hasard ?

En un sens, la réflexion sur Dieu se présente tout naturellement à l'esprit humain. Même les enfants, et peut-être surtout les enfants, débordent de questions d'une telle profondeur : ils veulent toujours savoir d'où ils viennent et d'où viennent toutes choses. On peut leur donner des réponses simples et ils en sont généralement satisfaits. Évidemment, pour répondre avec la rigueur qu'exige une démonstration vraiment rationnelle, il faut être habitué à manier des notions abstraites. Mais il n'en reste pas moins que l'essentiel des preuves traditionnelles de l'existence de Dieu relève du gros bon sens.

On soutient souvent que les questions ultimes sur l'origine et le sens de la vie se sont posées parce que les humains sont terrorisés par la perspective d'une mort inévitable. C'est vrai dans une certaine mesure, mais, selon moi, ce sont plutôt de jeunes esprits, nullement préoccupés par la mort et qui n'ont pas perdu la fraîcheur de leur naissante curiosité, qui cherchent spontanément des réponses à ces questionnements existentiels.

Alors, comment se fait-il qu'on arrive, en vieillissant, à se convaincre qu'on est là et que l'univers entier est là par pur hasard, sans aucune explication ? Depuis la nuit des temps, les humains s'interrogent sur tout et sur rien et n'ont de repos que lorsqu'ils trouvent enfin un commencement de réponse à leurs questions. Pensons à l'exultant *Eurêka* ! (J'ai trouvé !) d'Archimède, lorsqu'il comprit la loi expliquant pourquoi il flottait dans son bain. Alors, comment se fait-il que, le moment venu d'expliquer non plus un phénomène naturel particulier mais l'existence globale de toutes les merveilles qui nous entourent, le savant baisse les bras et se trouve soudainement à court d'hypothèses ? Il risquera peut-être une théorie comme celle du big-bang, qui serait à l'origine de l'univers. Malheureusement, nul ne sait d'où pouvait bien provenir cette mystérieuse substance explosive ni qui a bien pu mettre le feu aux poudres.

Et l'être humain, cette réussite absolue de la nature, d'où vient-il ? N'est-ce qu'un singe un peu plus intelligent ? – Eh bien oui, dit-on, c'est le fruit de l'évolution. – Je veux bien, mais pourquoi les choses sont-elles allées en se perfectionnant plutôt qu'en se détériorant ? – C'est le principe de la survie du mieux adapté à l'environnement. – Je veux bien, mais qui a inscrit dans la matière cette formidable pulsion de survie ? Qui a préprogrammé les éléments pour qu'ils tendent à s'unir pour donner naissance à plus complexe qu'eux-mêmes ? – C'est tout simplement dans leur constitution naturelle ! – Mais qui est à l'origine de cette merveilleuse nature ? – Mais le hasard, bien sûr !

Pourtant, quand on y réfléchit attentivement, on constate que, même si le hasard pouvait arriver à créer quelque chose, il faudrait tout de même que les éléments qu'il brasse pour y arriver existent déjà et soient prévus pour s'arrimer les uns aux autres. Il ne peut donc être l'explication ultime de la naissance du cosmos.

Par exemple, l'été, sur la grève, essayez de bâtir un château avec du sable sec. Vous n'y arriverez jamais, quelles que soient la patience et l'ingéniosité que vous y mettiez. Alors le hasard, lui, pourrait-il y réussir à condition de ne pas lésiner sur le temps qu'on lui donnera pour faire son œuvre ? Sûrement pas : le résultat qu'on peut le plus raisonnablement en attendre, c'est que la plage où il travaille devienne de plus en plus uniforme et plate. Des dunes, c'est le mieux que le hasard puisse réaliser avec du sable sec.

En somme, la question du hasard nous amène nécessairement à considérer le rôle des agents naturels qui s'y trouvent impliqués. Ce sont eux les vrais responsables de ce qui arrive quand il y a une rencontre fortuite. Le hasard n'est qu'un créateur de seconde main. Il se réduit simplement à la rencontre de deux ou de plusieurs éléments déjà organisés, si sommairement que ce soit, laquelle rencontre n'était peut-être pas spécifiquement prévue dans la nature de ces mêmes éléments. Par exemple, quand une semence tombe sur un trottoir de béton, cette rencontre ne produit rien. Mais si elle choit dans une bonne terre, ses propriétés vitales s'activeront et il en sortira une plante. La conséquence de cela, c'est qu'il ne serait strictement rien arrivé si ces éléments n'avaient pas déjà eu leur capacité naturelle d'agir les uns sur les autres.

Supposons par exemple que le hasard fasse qu'une semence d'érable emportée par le vent atterrisse juste au bon endroit devant ma maison et donne naissance à un arbre magnifique. Je suis ravi de ce cadeau inattendu. Pourtant, n'aurais-je pas infiniment plus raison de m'émerveiller de la puissance de cette minuscule samare, qui engendre un arbre aussi majestueux ? Que le vent l'ait conduite exactement là où je l'aurais souhaité, il n'y a rien de bien étonnant là-dedans. Il n'était pas inscrit dans les gènes de cette semence d'atterrir dans ma cour plutôt que dans celle du voisin : là, et seulement là, réside tout le hasard.

Et si l'on fait un pas de plus dans la réflexion, on pourrait encore se demander si c'est vraiment par hasard que la nature a joué pour moi le rôle d'architecte paysager. Bien plus, le hasard existe-t-il vraiment ? Ce qui relève du hasard, au niveau des causes que nous sommes à même d'observer ou d'inférer facilement, ne pourrait-il pas être intentionnel, à un autre niveau ? Peut-être pourrions-nous comparer le monde à un immense chantier dirigé par un grand architecte ? Que tels ouvriers s'affairent à telles tâches, que tels matériaux s'assemblent de telle façon, cela demeure une énigme pour celui qui ignore le plan d'ensemble. Il n'y verra que le fruit du hasard. Pourtant, pour l'architecte, tout aurait un sens et tout serait à sa place. Ceci revient à dire que ce qui relève du hasard dans l'enchaînement des causes prochaines pourrait bien être intentionnel en regard de la cause première.

Afin de percevoir plus clairement cette problématique, il serait utile de rappeler la façon dont Aristote distingue les causes qui agissent dans le monde. Il divise d'abord ces causes en « prochaines » et en « éloignées ». Par exemple, la semence est la cause prochaine de la croissance d'une plante, tandis que le soleil, qui lui fournit son énergie, en est la cause éloignée. Finalement, dans la chaîne de toutes les causes, la plus éloignée est la cause première, celle dont dépendent toutes les autres : Dieu. C'est pourquoi Aristote appelait Dieu le premier moteur, c'est-à-dire celui qui est à l'origine de tout mouvement et de toute action dans l'univers.

Quant aux causes prochaines, elles se divisent de la façon suivante. Viennent en premier les causes *naturelles* : les agents chimiques et physiques, les végétaux, les animaux, etc. Les effets de ces causes découlent des propriétés dont jouissent tous ces corps naturels. Suivent les causes *intentionnelles*, c'est-à-dire les actions humaines volontaires, lesquelles sont à l'origine de tous les objets artificiels : œuvres d'art, machines, constructions, etc. Arrivent enfin les causes *accidentelles*, celles qui résultent de la rencontre de causes naturelles ou intentionnelles : c'est elles que nous appelons « hasard ».

À la suite de ces considérations, nous pourrions donc conclure que la nature est tout et le hasard à peu près rien. C'est elle qui construit le monde, grâce à ses forces colossales, tandis que le hasard tend plutôt, en général, à lui faire obstacle. Songeons seulement au combat désespéré que la végétation mène contre l'envahissement des armées du hasard, comme l'érosion causée par le vent et l'eau, les inondations ou la sécheresse, pour ne rien dire des interventions souvent dévastatrices des humains.

Par conséquent, même si on souscrit à l'hypothèse évolutionniste, on est nécessairement obligé de poser, à l'origine de tous les êtres qui peuplent notre univers, l'existence d'éléments qui, si primitifs soient-ils, étaient d'une façon ou d'une autre prédéterminés à se combiner pour composer des produits de plus en plus complexes et éventuellement aboutir à créer le vivant et même l'être humain. Cette prédétermination des éléments est évidente quand on a affaire à des semences déjà très sophistiquées, comme les spermatozoïdes et les ovules, qui sont programmés pour créer, par leur rencontre, un nouvel être vivant. Même si ce n'est pas aussi transparent, il est tout de même rationnel de postuler quelque chose d'analogue dans le cas des particules les plus élémentaires qui sont à l'origine du cosmos.

Le fait que nos techniques d'observation, si perfectionnées soient-elles, ne nous permettront probablement jamais de déterminer ces qualités de la matière ne change rien à l'affaire. Il serait vraiment trop naïf de tenir pour inexistantes les choses que l'on ne peut vérifier expérimentalement. On a parfois tendance à oublier que tout l'appareillage de la science moderne ne peut nous faire découvrir qu'un aspect très limité de la nature. Comme l'écrivait un de mes professeurs de philosophie des sciences en citant sir Arthur Eddington : « Bref, ce que mon filet ne peut pas attraper n'est pas poisson. » Cela veut dire que les scientifiques sont obligés de construire des définitions fondées sur les mesures que leurs instruments leur permettent d'effectuer. Ce faisant, ils escamotent nécessairement beaucoup d'aspects de la réalité dont ils ne peuvent tenir compte. Que représente en effet notre savoir en regard de tout ce qui, dans la nature, est encore entouré du mystère le plus impénétrable ?

Le hasard peut bien être considéré comme un facteur parmi d'autres dans l'évolution du cosmos et des vivants qu'il héberge. Il n'en reste pas moins que la cause principale de tous les événements qui ont construit notre monde doit être cherchée dans les propriétés naturelles de la matière. Et cette nature matérielle qui est à l'origine de tant de merveilles, est-elle arrivée par elle-même à l'existence ?

CHAPITRE 4

Donc Dieu existe !

Comme l'écrivait Cicéron dans le passage cité au chapitre 1, l'intuition de l'existence de Dieu serait répandue universellement. Toutes les religions, même les plus primitives, témoignent du sentiment de précarité et de dépendance des hommes par rapport à des forces supérieures qui auraient fondé le monde et le gouverneraient.

Nul homme ne peut ignorer que sa propre origine lui échappe totalement et que des milliards d'autres êtres auraient pu voir le jour à sa place. Il est également évident que la conservation de sa propre vie n'est aucunement en son pouvoir et que celle-ci tient à un fil, qui pourrait se rompre à tout moment.

Cette conscience immémoriale de la fragilité de l'existence humaine s'est cependant exacerbée à un degré inégalé au cours des deux derniers siècles du millénaire qui vient de se terminer. Et il me semble assez clair que la cause de cette évolution doit être cherchée du côté de l'émergence d'une conscience individuelle de plus en plus émancipée de la collectivité.

La Grèce et la Rome antiques s'étaient construit une image du cosmos parfaitement cohérente; tous les êtres y trouvaient leur place dans une organisation des plus rassurantes: « Le premier message de la mythologie, écrit Luc Ferry, c'est que le monde n'est pas un chaos, mais un ordre, un cosmos, c'est-à-dire un monde organisé, harmonieux, juste, beau et bon[10]. » D'ailleurs, en grec, *kosmos* signifie «ordre, arrangement convenable».

À la chute de l'Empire romain, à la fin du ve siècle, cette vision du monde a cédé le pas à celle du christianisme. Extrêmement différente de la première, elle était cependant aussi rigoureusement ordonnée et sécurisante. Au commencement, il y avait eu la création, puis la chute de nos premiers parents: le péché originel. Plus tard, le fils de Dieu s'était incarné pour venir racheter ce péché et redonner le salut à l'humanité. À la fin des temps, il allait revenir dans l'éclat de sa gloire rétablir la justice et la paix éternelles pour tous ses élus.

Parallèlement à cette vision commune partagée par tout l'Occident, la conscience individuelle n'a cessé de s'affermir au cours des siècles qui suivirent et elle en vint même à ébranler ce vénérable système. Il s'agit sans doute d'une évolution inévitable de l'humanité, un peu comme celle de l'enfant, qui n'a d'autre choix que de s'arracher au confort et à la protection du foyer familial. À l'adolescence s'éveille en lui une pulsion irrésistible vers l'autonomie : il veut prendre en main les rênes de sa destinée. Mais quitter la maison, c'est aussi s'exposer à bien des dangers et à bien des angoisses.

Je ne peux entrer ici dans le détail des changements de mentalité et des événements historiques qui, surtout à partir de la Renaissance, vers le XVIe siècle, ont préparé la Révolution de 1789, qui allait marquer la fin d'un régime où tout était structuré dans une hiérarchie parfaite, sous l'autorité du roi et de l'Église.

Cette transformation spirituelle de notre civilisation s'est traduite par la naissance de mouvements philosophiques hostiles à la pensée traditionnelle. Aux certitudes rassurantes de la religion chrétienne a succédé un climat de contestation radicale. Entre autres penseurs, les Kierkegaard (1813-1855), Nietzsche (1844-1900) et Heidegger (1889-1976), qui sont à la source de l'existentialisme, ont exprimé de façon la plus explicite la rébellion de l'*individu,* qui ne pouvait plus supporter le joug de la pensée institutionnelle et des croyances collectives. À mon avis, ces philosophes n'ont fait que donner une voix à un malaise de civilisation qui en a tourmenté plusieurs au siècle dernier et qui ne cesse de nous habiter encore aujourd'hui.

La révolution existentialiste ne doit cependant pas être réduite à un rejet du christianisme. Par exemple, Kierkegaard demeurait un croyant convaincu. Il s'agit plutôt du refus de l'individu de se voir défini par un système tout fait, dans lequel il tient le rôle d'un rouage parmi d'autres dans une immense machine. Aussi bien le cosmos grec que le cosmos chrétien se présentaient comme des systèmes de ce genre. L'individu n'avait d'autre choix que de les accepter et de s'y adapter. C'est pourquoi, par exemple, les philosophes stoïciens définissaient l'homme vertueux comme celui qui harmonise sa raison individuelle à la Raison divine universellement répandue dans le monde, comme l'exprime abondamment l'empereur romain Marc-Aurèle (121-180), dans ses *Pensées pour moi-même* :

> Qu'est-ce donc qu'une âme instruite et cultivée ? C'est celle qui connaît le principe et la fin, et la raison qui se répand à travers l'universelle substance et qui, de toute éternité, organise le Tout, conformément à des périodes définies[11].

Pour l'existentialiste, l'harmonie du cosmos grec aussi bien que le projet chrétien de salut universel apparaissent comme dérisoires en regard du destin individuel dans lequel est enfermé chaque être humain. Que lui importent les doctrines sur l'organisation et la destinée de l'univers ? Pour lui, tout cela n'est que vision abstraite sans rapport avec la vie réelle.

Évidemment, cet aspect du christianisme, ce que l'on appelle sa « dimension eschatologique », ne doit pas faire oublier son apport à l'évolution de la conscience occidentale. En effet, grâce à son message, Jésus de Nazareth a lancé un mouvement décisif de valorisation de l'individu, comme l'explique si clairement Frédéric Lenoir dans *Le Christ philosophe*[12]. Il est incontestable, par exemple, que l'Évangile annonce la fin du ritualisme des anciens cultes et l'avènement d'une relation authentiquement personnelle entre chaque homme et son Père céleste. Il n'en reste pas moins que la tentation de l'institutionnalisme a toujours menacé l'Église, comme de nombreux critiques n'ont pas manqué de le démontrer. Et c'est aussi contre cela que s'insurge la sensibilité existentialiste. Je parle bien de la *sensibilité* existentialiste, parce notre mentalité en est encore profondément imprégnée, même si ce mouvement philosophique comme tel a disparu depuis des années.

L'existentialisme, c'est l'exaltation extrême de la conscience individuelle. Le monde, sa merveilleuse complexité et son histoire quasi infinie ont beau déployer devant nos yeux un spectacle éblouissant, qu'est-ce que tout cela en face de notre conscience d'exister ? Ce que je suis, c'est ma vie quotidienne avec mes désirs et mes soucis, mes petits bonheurs et mes grandes déceptions. Alors que m'importent les milliards d'étoiles qui brillent dans le firmament ?

Pour Heidegger, je ne puis faire l'expérience de l'être autrement qu'en me regardant moi-même vivre jour après jour. La question fondamentale n'est plus « Qu'est-ce que l'être ? », comme s'interrogeait Aristote, mais « Qui suis-je ? ». Je me sens *jeté* comme un étranger dans un monde qui n'est plus ma maison. Que serait ce monde en dehors de la conscience que j'en ai ? Rien. Et quand je cesserai d'exister, ce qui m'attend c'est le néant, selon Heidegger. Anna Arendt, une de ses premières élèves, a magnifiquement résumé l'esprit de l'existentialisme :

> L'être de l'homme est défini comme être-dans-le-monde, et ce dont il s'agit pour cet être dans le monde n'est finalement rien d'autre que de s'y maintenir. Or c'est justement cela qui lui est refusé ; c'est pourquoi le mode fondamental de cet être-dans-le-monde est l'inquiétante étrangeté sous-entendant l'absence d'une patrie et la peur qui est son corollaire. Dans l'angoisse, qui est fondamentalement l'angoisse devant la mort, s'exprime le ne-pas-être-chez-soi dans le monde[13].

Telle est l'angoisse de l'individu qui rompt son lien avec la collectivité et la vision du monde communément partagée. Dans ma jeunesse, j'ai personnellement expérimenté la paix et la sérénité que procure l'appartenance à une société où tous sont soudés dans une unanimité quasi parfaite. Je m'imaginais penser par moi-même, alors que je ne faisais qu'endosser les convictions d'une communauté à l'abri de la dissidence. Puis, tout doucement, j'ai découvert que de nombreuses certitudes ne m'appartenaient pas vraiment. Et je peux affirmer cela sans accuser personne de m'avoir maintenu dans la soumission et l'ignorance.

L'enfant ne peut apprendre à penser qu'en enregistrant fidèlement le discours parental. Prenons l'exemple de Descartes (1596-1650), l'un des philosophes qui œuvra le plus intensément à libérer l'Occident de la pensée médiévale et à la naissance de la modernité. Cela ne l'a pourtant pas empêché de devoir reconnaître qu'il n'avait pas été l'auteur de sa propre éducation et que, par la suite, il était obligé de se débarrasser de tout un bagage d'idées qu'il avait dû accepter sans discernement.

Par contre, l'émancipation de la pensée collective n'a pas qu'un effet libérateur. Elle déclenche aussi une perception plus vive de la précarité de l'existence. Le sentiment de solitude et d'abandon est le corollaire inévitable de l'émergence de l'individualité. C'est ce que les existentialistes ont appelé l'« angoisse existentielle ». La vie individuelle se voit en effet suspendue au-dessus du néant, qui s'ouvre sous elle comme un gouffre sans fond : pourquoi suis-je ici et maintenant alors que je ne viens de nulle part et ne vais nulle part ? Pourquoi moi et pas un autre ? Et qu'est-ce que cela signifie que d'être moi ?

Je comprends cette angoisse qui accompagne l'expérience aiguë de l'existence individuelle. On peut toujours s'imaginer que le monde est infini et éternel, mais nourrir pareilles prétentions au sujet de sa propre personne n'est pas aussi simple que cela. En effet, l'existence individuelle est le lieu précis où nous nous sentons précipités dans la *contingence*.

Qu'est-ce que la contingence ? C'est ce qui arrive sans aucune raison, ce qui aurait bien pu ne jamais se produire, ce qui est le simple fruit du hasard. Cet être se tient à la limite du non-être parce qu'il n'a aucune *raison d'être*. Il est bien évident que rien ne peut venir de rien. Pourquoi maintenant y a-t-il cette chose-ci et cette chose-là, alors qu'il n'y avait rien auparavant ? D'où le leitmotiv existentialiste de l'*absurdité* de l'existence individuelle : sans aucune raison et sans aucune explication, je suis tout de même là. Je suis absurde et pourtant j'existe.

Cependant, cette extrémité insupportable à laquelle est acculé l'existentialisme a été refusée par la plupart des philosophes depuis l'Antiquité. Même Descartes, qui a recentré le questionnement philosophique sur l'individu et a prôné le doute méthodique, se voyait obligé de poser l'existence de Dieu comme réponse à sa propre contingence :

> Si j'étais indépendant de tout autre, et que je fusse moi-même l'auteur de mon être, certes je ne douterais d'aucune chose, je ne concevrais plus de désirs, et enfin il ne me manquerait aucune perfection ; car je me serais donné moi-même toutes celles dont j'ai en moi quelque idée, et ainsi je serais Dieu[14].

Puis il conclut que, s'il ne s'est pas donné l'être à lui-même, il l'a reçu d'un autre. Et, si cet autre l'a lui-même reçu d'un autre, il faut en arriver à une cause qui ne l'a pas reçu et qui se trouvera être Dieu.

Descartes ne fait ici que reprendre un principe aristotélicien[15] : dans la chaîne des causes, on ne peut remonter à l'infini. S'il n'y a pas de cause première, la suite des causes secondes, si nombreuses soient-elles, n'expliquera jamais l'existence d'un événement quelconque. En effet, une cause seconde ne peut produire quelque chose, si elle n'est pas elle-même causée. Repousser cette insuffisance aussi loin que l'on voudra ne règle jamais rien.

Nous faisons donc ici face au problème fondamental de toute la philosophie : comment expliquer la contingence de notre propre existence et de celle de tous les êtres qui nous entourent ?

Pourquoi y a-t-il quelque chose plutôt que rien ?

À cette question, les agnostiques répondent : nous ne savons pas. C'est une question qui dépasse les limites de la raison. Seule la foi peut y répondre. De leur côté, les existentialistes répondent : la vie est absurde et nous n'avons pas d'autre choix que d'accepter l'absurdité. Certains athées répondent : la science finira bien par découvrir l'origine de l'univers, comme elle a résolu de nombreux problèmes qui semblaient être des mystères. Enfin les théistes, comme moi, répondent : Dieu, l'Être absolument nécessaire, est la cause première de tout ce qui est contingent.

Or les théistes ne sont pas quantité négligeable : ils représentent la majorité des philosophes depuis l'Antiquité. De plus, ils confirment une intuition universelle et immémoriale. Pour démontrer leur position, ils ont utilisé différents arguments, mais, à mon avis, le plus convaincant demeure encore celui qui s'appuie sur la contingence des êtres naturels. Voici comment, à mon tour, je le formulerais :

Si l'on remonte d'éléments en éléments, qui auraient résulté les uns des autres depuis le début de l'univers, on aboutit toujours à quelque chose qui doit son existence à autre chose que soi.

Même si l'on prolongeait indéfiniment cette remontée, on serait toujours reconduit à quelque chose qui n'a pas en soi-même l'explication de sa propre existence ni sa raison d'être. Toutes ces choses pourraient en effet aussi bien ne pas exister. En fait, il n'y a pas et il ne peut y avoir, dans l'univers, une seule chose dont l'existence soit absolument nécessaire, c'est-à-dire une chose qui ne pourrait pas ne pas exister.

Il faut donc en conclure que c'est en dehors de l'univers que l'on doit aller chercher la cause et la raison de tout ce qui existe. Et cette cause nécessaire de toutes choses, qui n'est elle-même causée par rien d'autre, on l'appelle « Dieu ».

Pour bien saisir la force de ce raisonnement, il est important de se faire une idée claire des notions clefs que sont la *contingence* et la *nécessité*.

Le mot «contingence» vient du verbe latin *contingere*, qui signifie «arriver, s'adonner à être là». Ce verbe dérive lui-même de *tangere*, qui signifie «toucher». Imaginons, par exemple, un wagon de métro à l'heure de pointe, bondé de passagers littéralement entassés les uns sur les autres. Dans la bousculade, ces derniers sont évidemment forcés de toucher à des personnes qui ne les concernent d'aucune façon et dont ils aimeraient beaucoup mieux se tenir éloignés. On a là un exemple évident de contingence: quelque chose ou quelqu'un que vous n'avez pas choisi et qui vous tombe dessus sans aucune raison, par l'effet d'une pure coïncidence, d'un pur hasard.

Le contingent, c'est donc une chose qui se produit, alors qu'il n'existait aucune tendance naturelle à ce qu'elle arrive.

C'est la prise de conscience de cette réalité qui faisait frémir le philosophe existentialiste Jean-Paul Sartre (1905-1980) et lui inspirait ce qu'il a appelé «la nausée», au moment où il contemplait l'existence improbable, voire «absurde» d'une racine noire qui se tordait à ses pieds. Pourquoi cette racine particulière se trouvait-elle là, à cet instant précis? Pourquoi existait-il lui-même, alors qu'il aurait bien pu ne jamais naître? Pourquoi enfin y avait-il eu rencontre entre lui et cette racine, qui n'avait aucun rapport avec lui?

> Ce moment fut extraordinaire. J'étais là, immobile et glacé dans une extase horrible. Mais, au sein même de cette extase quelque chose de neuf venait d'apparaître ; je comprenais la Nausée, je la possédais [...]. L'essentiel c'est la contingence. Je veux dire que, par définition, l'existence n'est pas la nécessité. Exister, c'est être là, simplement ; les existants apparaissent, se laissent rencontrer, mais on ne peut jamais les déduire. Il y a des gens, je crois, qui ont compris ça. Seulement ils ont essayé de surmonter cette contingence en inventant un être nécessaire et cause de soi[16].

Cette expérience a suscité chez Sartre un sentiment qu'il n'est sûrement pas seul à avoir éprouvé. Si nous sommes tellement rebutés par la contingence, c'est parce que nous nous attendons toujours à ce que les choses qui arrivent obéissent à certaines lois, qu'elles se comportent comme nous avons l'habitude de l'observer, ce qui nous permet de prévoir la suite des événements. C'est pourquoi nous parlons continuellement de ce qui est « normal ». Nous détestons l'anormal parce qu'il échappe à notre contrôle.

Au contraire, nous adorons la nécessité – qui est le contraire de la contingence – parce que c'est elle qui nous a permis de découvrir les normes qui gouvernent la nature et ainsi d'arriver à la dominer.

La nécessité, c'est ce qui se produit toujours, ou la plupart du temps, de la même façon, ce qui est prévisible, inévitable, normal, naturel.

Quand une chose est nécessaire, c'est parce qu'il est impossible qu'elle n'arrive pas. Par exemple, il est nécessaire qu'une fleur coupée finisse par se faner, que le soleil se couche à une certaine heure et qu'il fasse plus froid durant l'hiver dans les pays nordiques.

En nous appuyant sur les notions de nécessaire et de contingent, nous sommes conduits à admettre qu'il est impossible que tout ce qui se produit dans notre univers arrive de façon contingente, c'est-à-dire purement fortuite. Par exemple, il nous apparaît impensable que tout à coup les pierres se mettent à s'envoler au lieu d'être attirées vers le sol, que les pommiers donnent du maïs ou que les gazelles se lancent à la poursuite des lions.

Lorsqu'un être agit, nous nous attendons à ce qu'il le fasse nécessairement en conformité avec sa nature. En science, on exprime ce fait en stipulant que toute espèce a ses propriétés naturelles, lesquelles entraînent des effets prévisibles. C'est la découverte et l'explication de ces propriétés qui sont le but principal du chercheur. Si parfois le comportement des choses s'avère contraire à nos attentes, c'est soit parce que nous ne connaissons pas bien les propriétés de ces choses, soit parce que l'agent a rencontré un obstacle, c'est-à-dire un autre agent, qui l'a fait dévier de sa direction naturelle. Par exemple, un pommier peut être empêché de donner ses fruits parce que toutes ses fleurs ont été mangées par un insecte quelconque. Voilà d'ailleurs en quoi consiste le hasard : c'est ce qui vient parfois entraver le cours des opérations nécessaires de la nature.

Par ailleurs, la possibilité du hasard prouve que la nécessité de certaines lois naturelles n'est pas *absolue*, puisqu'elle peut être empêchée de s'exercer. Il y a un certain déterminisme dans la nature, c'est-à-dire qu'il y a des lois qui découlent des structures de la matière. Mais certaines lois peuvent être contrecarrées par d'autres qui vont en sens inverse. Donc elles ne sont pas absolues.

Mais s'il n'y avait aucune loi naturelle ni aucune nécessité, n'importe quoi pourrait arriver n'importe quand et n'importe comment. Alors aucune science ne serait possible. Comme le dit Antoine de Saint-Exupéry : « Il n'est de science que de ce qui se répète[17]. » Bien plus, s'il n'y avait pas de nécessité, il ne pourrait même rien arriver du tout : on serait dans l'immobilisme total. Si les êtres naturels n'avaient pas une inclination à agir d'une façon déterminée plutôt que d'une autre, comment pourraient-ils se mettre en mouvement ? Les choses se passeraient alors comme si une personne disait : « Je mets ma voiture en marche, mais je ne vais nulle part », ce qui est absurde. Pour n'aller vraiment nulle part, la voiture doit rester immobile, car, dès qu'elle avance ou recule, si peu que ce soit, elle prend une certaine direction et va quelque part, si près que ce soit du point de départ.

Les êtres naturels possèdent donc une certaine nécessité, qui s'attache à l'exercice de leurs propriétés. Les métaux ont leurs propriétés nécessaires, comme les végétaux, les animaux et les hommes. Mais si l'on considère non plus leurs propriétés, mais le fait que ces choses possèdent l'existence, on peut se demander si elles sont nécessaires. Autrement dit, si une chose existe, elle est nécessairement d'une nature déterminée et elle agit d'une manière déterminée. Mais cela fait-il qu'elle existe nécessairement ? Sûrement pas. En fait la nécessité que l'on observe chez les êtres naturels est une nécessité *conditionnelle* : ils agissent nécessairement de telle façon, *s'ils existent et ne sont pas entravés dans leur action*.

Quand on a bien compris ce que sont le nécessaire et le contingent, on peut faire un pas de plus et se poser la question suivante : l'univers, pris dans son entier, existe-t-il de manière nécessaire ou contingente ? Il est là, autour de nous, mais aurait-il pu ne pas exister ? Il ressemble à une machine inexorable qui voue toutes choses à la naissance, à l'usure puis à la destruction. En le considérant dans sa totalité, on ne peut s'empêcher d'être profondément émerveillé par son immensité et par son âge incommensurablement avancé. Certains Grecs pensaient même qu'il était éternel. Mais cela explique-t-il pourquoi il existe au lieu du néant ? Même s'il a existé éternellement, il aurait bien pu ne jamais exister.

Les premiers philosophes qui ont défendu l'éternité du monde y ont été poussés parce qu'ils croyaient que les corps célestes étaient éternels et incorruptibles. Ils étaient vivement impressionnés par la beauté du ciel étoilé et par le fait que ces astres semblent inaltérables et paraissent exécuter des révolutions immuables autour de la Terre. Le progrès de l'astronomie nous a révélé que, au contraire, tous les astres sont pétris de la même matière qui compose notre environnement terrestre: depuis Galilée (1564-1642), on sait qu'il n'y a pas de différence essentielle entre le monde sublunaire (sous la Lune) et ce qui se déploie au-delà, à savoir le Soleil, les planètes, le reste de notre galaxie et les milliards d'autres galaxies.

Quand on y réfléchit bien, force est donc de constater que, en ce monde, tout est aussi périssable et contingent que nos fragiles personnes. L'immense quantité de corps terrestres aussi bien que célestes ne fait aucune différence. Si le grain de sable que j'écrase de mon pied est insignifiant, tout l'univers est également insignifiant et aurait tout aussi bien pu ne jamais exister.

Donc l'univers, dans son entier, existe de façon purement contingente.

Or le fait d'exister, alors que l'on pourrait très bien ne pas exister, appelle une explication car, selon l'axiome souvent cité, *rien ne peut venir de rien* : le conditionné suppose l'inconditionné, le relatif suppose l'absolu, le contingent suppose le nécessaire. Si une chose qui aurait pu ne pas exister existe, c'est qu'il y a une raison, une cause, pour justifier son existence. Il est en effet évident qu'aucune chose ne peut se donner l'existence à elle-même.

Voici comment le philosophe et théologien Thomas d'Aquin (1225-1274) formulait cette argumentation, qui n'est qu'une version quelque peu différente de celle que j'énonçais plus haut:

> Nous trouvons, parmi les choses, certaines qui peuvent être ou ne pas être, car nous voyons certaines choses être engendrées puis détruites: par conséquent il s'agit là de choses qui peuvent être et ne pas être. Il est cependant impossible que de telles choses existent toujours car, à ce qui peut ne pas être, il arrive de ne pas exister. Par conséquent, si toutes choses pouvaient ne pas exister, il se trouverait qu'à un moment donné rien n'ait existé. Mais si cela était vrai, même maintenant il n'existerait rien, car ce qui n'existe pas ne peut commencer à exister que grâce à la causalité de quelque chose qui existe déjà. Ainsi, si à un moment donné il n'y avait rien eu, il aurait été impossible que quelque chose commence à exister et actuellement il n'existerait rien, ce qui est évidemment faux. Donc ce ne sont pas tous les êtres qui sont simplement possibles, mais il faut qu'il existe aussi quelque chose de nécessaire[18].

En résumé, le contingent suppose le nécessaire: s'il y a des choses qui pourraient ne pas être, il faut dire que l'existence leur arrive et pourrait leur être enlevée. Donc elles tiennent leur existence d'un principe distinct d'elles-mêmes. Et pour que soit possible l'ensemble des choses qui reçoivent ainsi leur existence comme un don, il faut qu'il y ait un donateur qui ne reçoit pas son existence de personne d'autre, mais la possède nécessairement et éternellement en raison de sa nature même. C'est pourquoi on doit affirmer de Dieu non pas qu'il a l'existence, mais *qu'il est l'existence même*.

Cette idée que l'existence n'arrive pas à Dieu mais qu'elle est absolument nécessaire et qu'elle constitue sa nature même est extrêmement abstraite et difficile à saisir pour nous. Elle s'oppose à tout ce que nous observons autour de nous, là où les choses arrivent à l'existence, puis disparaissent constamment. Les plantes, les animaux, les hommes et même les étoiles naissent puis meurent.

Toutes ces choses ont d'abord une certaine nature, par exemple, celle d'un caillou, d'une rose ou d'un cheval, puis il leur arrive d'exister ou de cesser d'exister. Donc le fait d'exister ne fait pas partie de leur nature : cela ne représente qu'une possibilité qui peut leur arriver. Ainsi, on ne dit pas que l'homme est « un animal qui a la capacité de raisonner et *qui existe* ». Même s'il n'existait aucun homme, la définition de l'homme demeurerait toujours identique : « animal capable de raisonner ». Par exemple, les dinosaures n'existent plus depuis des millions d'années et, pourtant, cela ne nous empêche pas de savoir ce qu'est un dinosaure et de donner sa définition.

Cependant, dans la vie courante, nous ne prenons pas conscience de telles distinctions, qui supposent une certaine réflexion. Ce sont les philosophes qui les ont mises en évidence. Malgré tout, notre façon de parler garde la trace de cette propriété des êtres naturels; nous disons constamment: «Il *arrive* qu'il y ait ceci ou cela.» Donc nous concevons toujours, même confusément, qu'il y a une différence entre ce qu'une chose est – son *essence* – et le fait qu'elle arrive – son *existence*. C'est pourquoi on dit en philosophie que l'existence est un attribut purement *accidentel*, c'est-à-dire contingent, pour tous les êtres naturels, alors que c'est un attribut *essentiel* pour Dieu. En Dieu, il y a identité entre l'essence et l'existence.

Ce que je viens d'exposer nous fournit la raison pour laquelle il est impossible de nous faire une quelconque idée de la nature de Dieu autrement que par de simples analogies avec les choses observées en nous et autour de nous.

Quand nous pensons à une chose qui existe, nous savons bien qu'elle pourrait être détruite, perdre son existence. Cela est surtout évident pour les plantes et les animaux. Ce faisant nous concevons toujours leur existence comme quelque chose de limité: le caillou a seulement son existence de caillou, la rose, celle d'une rose et le cheval, celle d'un cheval. Cette existence sera plus ou moins longue, mais elle a toujours un début et une fin. Comment alors pouvons-nous imaginer que Dieu n'a pas simplement une façon à lui d'exister mais qu'il réalise toutes les possibilités d'existence, qu'il est l'existence même et que, par conséquent, il est infini et éternel ?

J'affirme cela avec certitude, mais, pour m'en faire une représentation, je dois avoir recours à la négation : toutes les qualités que j'attribue à Dieu ne sont valides que pour autant que j'élimine, par la négation, toutes les limitations observées chez les créatures. Il n'y a pas d'autre façon de penser et de parler au sujet de Dieu. Par exemple, « infini » signifie « ce qui n'a ni commencement ni fin ». Dire de Dieu qu'il est infini, c'est lui attribuer une qualité positive. Pourtant, on ne peut le faire qu'en utilisant un terme qui comporte une négation : non-fini. Le fini, ce qui a une limite, nous le connaissons directement par l'observation de n'importe quel corps autour de nous. Au contraire, ce n'est qu'indirectement, par la négation des limites, que nous concevons l'infini.

Il y a donc des vérités qui, d'une part, sont parfaitement accessibles par déduction, mais qui, d'autre part, dépassent la possibilité de conceptualisation de la raison humaine. Il s'ensuit que l'on est porté à les considérer comme des enseignements nécessairement reçus par des révélations surnaturelles. Or ce sont des doctrines qui ont été découvertes, entre autres, par des philosophes grecs, à une époque où les croyances religieuses étaient très confuses au sujet des dieux. Ce n'est donc pas là que ces penseurs ont puisé leur inspiration.

Dans le même ordre d'idées, au XIIIe siècle, Thomas d'Aquin dissertait sur l'existence et la nature de Dieu en des termes qu'il empruntait aux aristotéliciens bien plus qu'à la Bible. À ce sujet, il avait une position qui peut paraître surprenante chez un philosophe-théologien chrétien, « docteur commun de l'Église catholique », c'est-à-dire jouissant d'une approbation officielle. Il soutenait fermement que l'existence de Dieu n'est pas un article de foi, mais plutôt un présupposé à la foi, puisqu'elle peut faire l'objet d'une démonstration rationnelle[19]. Selon lui, l'existence de Dieu ne relevait de la foi que chez les personnes qui sont incapables de comprendre cette démonstration, de la même manière que le profane est obligé de se fier à l'autorité des savants sur quantité de questions qui supposent une expertise particulière. Donc Thomas d'Aquin n'éprouvait pas le besoin de croire en Dieu, puisque c'était pour lui une évidence rationnelle. Cela nous permet de mesurer jusqu'à quel point ce penseur de génie n'était nullement un défenseur de la foi aveugle et avait en très haute estime les pouvoirs naturels de la raison humaine.

CHAPITRE 5

Qui est Dieu ?

L'approche que chaque penseur a adoptée pour discuter de la nature de Dieu a été étroitement conditionnée par l'idée et, surtout, par l'image que l'on s'en faisait à son époque. La conception de Dieu a considérablement évolué au cours des vingt siècles qui ont suivi la naissance du christianisme. Déjà le Dieu Père des Évangiles n'avait plus grand-chose à voir avec le Yahvé de l'Ancien Testament, jaloux, intolérant et vindicatif. Pourtant j'ai l'impression que, même aujourd'hui, certains auteurs sont encore influencés par cette imagerie archaïque.

Je ne veux pas entrer dans l'interprétation de certains passages de la Bible ou des Pères de l'Église, comme le célèbre théologien Augustin d'Hippone (345-430), qui peuvent souvent nous faire frémir ou nous scandaliser. Toute-
fois, je crois qu'on ne peut simp
layer du revers de la main. Con
sacrés de toutes les traditions re

terre, ces descriptions doivent être comprises comme des expressions imagées et symboliques, qui témoignent d'intuitions, d'aspirations et d'angoisses authentiquement humaines. Il faut donc savoir dépasser ces images, qui ont vu le jour dans des cultures très éloignées de la nôtre. Par exemple, la question du mal et surtout celle du péché ont lourdement hypothéqué la vision chrétienne de Dieu. Il n'est pas étonnant que la pensée occidentale traîne encore ce boulet et soit assombrie par un profond pessimisme que tous les sermons sur l'amour de Dieu ne réussissent pas à dissiper.

Il faut cependant se rappeler que la connaissance de Dieu s'est tout d'abord présentée à l'humanité comme une intuition, c'est-à-dire une conception largement influencée par l'inconscient et empreinte des émotions suscitées par le sacré, tel que le décrit le philosophe et théologien luthérien Rudolf Otto (1869-1937): «terrible», «mystérieux», «fascinant», «étrange», «inquiétant», «énorme» [20], etc. Telles sont les impressions que l'homme a spontanément éprouvées en face du surnaturel. C'est le genre d'atmosphère qui imprégnait la vie des peuples primitifs, lesquels se sentaient constamment menacés par les forces obscures des Esprits. Par conséquent, lorsqu'on aborde les textes sacrés, la plupart extrêmement anciens, il ne faut pas oublier ce côté sombre de la mentalité archaïque, laquelle est loin d'avoir complètement disparu. Songeons seulement aux sorciers, aux revenants et aux loups-garous qui faisaient frémir nos ancêtres il y a à peine quelques générations.

Vous me direz peut-être que ces images associées au divin n'ont plus cours, que même les prêtres n'osent plus parler du Diable ni de l'enfer. Il n'en reste pas moins que ces représentations se sont à ce point incrustées dans la conscience occidentale qu'elles continuent en sourdine à influencer la perception commune que l'on se fait de Dieu. On n'a, par exemple, qu'à songer à la doctrine américaine de « l'axe du Mal », au cours des dernières années, pour se convaincre que la tendance à diaboliser les personnes et les choses n'a pas été totalement évacuée de notre très moderne Occident.

C'est pourquoi, à la lecture des auteurs athées, il devient vite évident que leur opposition à Dieu vise presque toujours l'image qu'ils ont retenue des croyances au sein desquelles ils ont grandi. Il s'agit en fait du faux dieu qu'ils se sont forgé dans leur enfance.

Une autre avenue s'offre à nous, qui n'est ni celle de la croyance irrationnelle ni celle de l'athéisme. Pour ma part, je suis convaincu que la raison est capable de nous proposer une conception de Dieu qui dépasse ces visions traditionnelles. La voie a été tracée, entre autres, par des philosophes grecs comme Socrate, Platon et Aristote, puis suivie par d'innombrables successeurs comme Thomas d'Aquin, Descartes (1596-1650), Spinoza (1632-1677), Leibniz (1646-1716) et Jean-Jacques Rousseau (1712-1778). Tous ont tenté à leur manière de purifier l'image de Dieu du fatras des récits poétiques, édifiants ou scandaleux dont se sont nourris les croyants au fil des âges.

Cependant, la conception que je veux défendre ici n'a rien à voir avec la notion froide et abstraite qu'on a souvent présentée comme le « Dieu des philosophes », c'est-à-dire un créateur lointain et indifférent au sort de ses supposées créatures. Au contraire, quand je réfléchis aux conclusions que j'ai tenté de démontrer au sujet de Dieu, je me vois également forcé de reconnaître que le Dieu de la raison est infiniment plus « humain » et plus près de sa création qu'on serait d'abord porté à l'imaginer.

On a vu qu'il est nécessaire de poser Dieu comme source de l'existence de l'univers et de chacun des êtres qui le composent. Il est la cause première à laquelle sont suspendues toutes choses et sans laquelle ces choses retourneraient au néant, d'où elles ont été tirées. Cependant, il est extrêmement important de comprendre que cette causalité de Dieu est infiniment éloignée de tout ce que nous pouvons observer chez les êtres naturels et dans les actions humaines.

Prenons l'exemple du *Penseur* d'Auguste Rodin. En modelant de la terre glaise, le sculpteur donna forme à une statue qui fut ensuite coulée dans le bronze. Nous disons qu'il a « créé » ce célèbre personnage qui semble plongé dans une intense réflexion. À vrai dire, il ne s'agit pas d'une « création » au sens propre du terme, puisque Rodin n'a pas vraiment produit un nouvel être, mais s'est contenté de donner une forme intéressante à une certaine masse de bronze qui existait déjà. Il s'agit alors d'une simple métaphore, car créer, au sens propre, c'est faire quelque chose à partir de rien.

Il en va de même pour toutes les productions naturelles : elles aussi sont toutes des transformations et non des créations. Tous les scientifiques qui ont étudié les propriétés physiques et chimiques des corps ont pu observer que *rien ne se perd et rien ne se crée* (principe de Lavoisier) dans la nature. Quand un corps agit sur un autre, il ne fait qu'introduire une nouvelle forme dans une matière qui existait déjà. Par exemple, le courant électrique qui produit l'électrolyse de l'eau ne fait que séparer les atomes d'hydrogène et d'oxygène qui y étaient déjà contenus. De la même façon, quand un animal en engendre un autre, il ne fabrique pas ce rejeton à partir de rien. C'est en utilisant ses propres cellules qu'il donne naissance à un nouvel individu. Et cet individu utilise à son tour les matériaux contenus dans les aliments qu'il ingère pour croître jusqu'à sa taille adulte.

En somme, la nature est le théâtre d'une multitude de transformations continuelles qui résultent de l'action des corps les uns sur les autres. Et malgré cela, il ne se produit jamais rien de complètement nouveau, car c'est toujours la même matière qui est indéfiniment recyclée.

Évidemment, ces productions naturelles ont quelque chose d'absolument merveilleux dont on ne pourra sûrement jamais percer tous les mystères. Il n'en reste pas moins qu'il ne s'agit pas de créations, mais de simples transformations. Au contraire, dans l'acte divin de création, c'est la totalité de l'être, matière et forme, qui est produite à partir de rien ; il ne s'agit donc pas seulement d'une nouvelle qualité, d'un nouvel état ou d'une nouvelle organisation, dans une matière qui existe déjà.

Si l'on y réfléchit bien, la production de l'être total a quelque chose d'absolument unique. Ce qui constitue chacun de nous, notre corps, nos membres, notre esprit, nos pensées, nos émotions, nos sensations, etc., toutes ces merveilles nous appartiennent comme ce qui nous est le plus propre et le plus précieux. Mais que serait tout cela sans l'*existence* ? Rien du tout. L'existence constitue donc le complément de perfection qui rend réel tout ce qui, autrement, demeurerait une simple possibilité. Par conséquent, l'existence représente ce que nous avons de plus intime, c'est-à-dire non seulement ce par quoi nous sommes ce que nous sommes, mais même ce sans quoi nous ne serions absolument rien.

Dieu, qui nous fait exister, se trouve donc à produire en nous ce qui nous appartient de la façon la plus intime et la plus fondamentale. Or pour agir ainsi en nous, il doit être infiniment proche de nous.

Il nous pose dans l'existence et nous y maintient durant toute notre vie. Quand un agent naturel a transformé un corps pour en produire un autre, il n'a plus besoin de rester là pour entretenir le nouvel état. Ainsi le feu s'éteint après avoir transformé le bois en cendre. Au contraire, Dieu ne fait pas que modifier l'être de chaque chose, il le produit complètement. Cela veut dire que, s'il se retirait de cette chose, elle serait anéantie.

Pour illustrer cette réalité, les Anciens comparaient l'action de Dieu à celle de la lumière du soleil, qui abandonne toutes choses à l'obscurité dès qu'il disparaît derrière l'horizon. Le soleil ne donne pas vraiment sa lumière, il ne fait que la prêter. Or c'est ce qui arrive avec l'existence : elle ne nous est jamais donnée au point qu'elle devienne pour nous une possession, ce qui nous rendrait éternels. Elle ne nous est que prêtée, car Dieu seul existe nécessairement, son existence s'identifiant à sa substance même.

La source, le fondement de l'être est donc une puissance qui nous habite de la plus inimaginable proximité qui soit.

Thomas d'Aquin écrivait que Dieu nous est plus intime que nous ne le sommes à nous-mêmes. En effet, notre conscience de nous-mêmes est à la mesure de notre capacité de sentir et de comprendre. Dieu nous connaît infiniment mieux. Il rejoint les fibres les plus profondes de notre être, puisque c'est lui qui a conçu et voulu tout ce que nous sommes, jusque dans les moindres détails de notre personne. Pour prendre une image bien imparfaite, je comparerais Dieu à un artiste. Qui connaît son œuvre mieux que l'artiste, qui l'a pensée et réalisée dans son intégralité, par exemple le peintre qui a calculé toutes les touches de couleur qu'il a appliquées sur sa toile pour produire son tableau ?

À la question « Qui est Dieu ? », je dois donc répondre que, malgré la distance infinie qui me sépare de lui, je lui appartiens comme sa pensée, son désir, un projet sorti de lui. Il est celui qui m'a voulu tel que je suis et qui me garde dans l'être sans jamais détourner son regard de moi. Je suis une préoccupation de Dieu. Le genre humain est une préoccupation de Dieu. L'univers entier est une préoccupation de Dieu.

Je suis branché sur lui comme la tige fragile sur le tronc solide d'un arbre centenaire. En un sens, Dieu est comme ma propre substance, ce qui se tient sous moi et me soutient dans l'être (du latin *sub*, qui signifie «en dessous» et *stans*, «qui se tient»). Il est également la substance du monde, puisque toutes choses s'enracinent en lui. Selon la comparaison d'Augustin d'Hippone[21], Dieu est présent en nous comme l'eau de la mer imbibe intégralement l'éponge et la nourrit.

En raison de cette intuition profonde, Spinoza soutenait que Dieu et la nature ne font qu'un. Pourtant il a erré en établissant cette identification, car, si intime que soit cette union, il demeure tout de même un fossé infranchissable entre le fini et l'infini.

Autre conséquence de cette ineffable proximité entre le créateur et la créature: *la contingence n'est pas vraiment un problème*. Notre existence a beau avoir l'air absolument improbable, elle est appuyée sur une volonté divine si inébranlable que nous devenons quasi éternels, comme notre créateur. En un sens, nous sommes éternels, parce que nous avons, de toute éternité, existé dans la pensée et le désir de Dieu. Éternels aussi parce qu'il a déposé en nous une âme immortelle, comme nous le verrons au chapitre 11.

Notre éternité n'est cependant pas la même que celle de Dieu. Dans notre cas, il s'agit d'une existence qui a eu un début mais qui n'aura pas de fin, du moins en ce qui concerne notre partie spirituelle. Au contraire, les notions de commencement et de fin sont absolument inapplicables à Dieu, puisqu'il se situe en dehors du temps. En effet, il faut se rappeler que le temps est une conséquence nécessaire du mouvement dans lequel notre vie, toujours changeante, est irrémédiablement plongée. Aujourd'hui je suis comme ceci, demain je serai comme cela. Je quitte Québec à midi et, à 15 heures, j'arriverai à Montréal. Entre les deux, il s'est écoulé trois heures, parce que j'étais en mouvement. Si j'étais demeuré inchangé et immobile, et si tout l'univers s'était arrêté avec moi, il n'y aurait pas eu de temps. Cependant, personne ne peut arrêter le cours du temps parce que tout change sans arrêt dans le monde. Dieu seul est immuable et donc intemporel.

En sculptant la « roue du temps » dans leurs temples antiques, les hindous symbolisaient magnifiquement l'éternité de Dieu : le centre de cette roue est vide et immobile, mais toujours en contact avec tous les rayons, qui touchent successivement la terre par l'intermédiaire de la jante, à mesure que le char du temps avance vers le futur. Donc Dieu est au-delà du temps, mais quand même présent à tous ses instants.

Mais comment nous faire une représentation intellectuelle de cette absolue immobilité de Dieu ? Nous ne le pouvons en aucune façon, parce que tout ce que nous observons en nous et autour de nous est toujours en mouvement. Les roches nous semblent, en quelque sorte, éternelles parce que leurs mouvements internes sont imperceptibles. C'est pourquoi, depuis la préhistoire, on les a utilisées pour symboliser l'éternité du divin: d'où les dolmens, les menhirs et autres mégalithes. Cependant, aucun symbole ne peut s'ajuster parfaitement à ce qu'il veut suggérer. Il y a, en effet, une incongruité à figurer Dieu, le vivant par excellence, par ce qu'il y a de plus inerte dans la nature, la pierre.

Je crois tout de même que la meilleure image que nous puissions avoir de l'éternité de Dieu, c'est la conscience que nous avons de l'identité de notre moi à travers la succession des moments de notre vie. Il y a quelque chose d'immobile et d'éternel dans notre esprit, malgré le flux incessant de nos pensées, de nos sensations et de nos émotions: nous nous percevons toujours comme étant la même personne.

À cela contribuent également la mémoire et l'imagination, qui font que le passé, le présent et l'avenir deviennent, en quelque sorte, simultanés dans notre conscience de nous-mêmes. Il n'en reste pas moins que notre existence s'écoule dans un instant indivisible qui se déplace sans arrêt du passé, qui n'est plus, vers le futur, qui n'est pas encore. Ainsi notre être fuit continuellement entre deux néants. En cela nous sommes extrêmement différents de Dieu, dont la vie est toute ramassée dans un éternel présent parfaitement immobile.

CHAPITRE 6

Dieu habite le monde

L'étroite intimité entre le créateur et la créature permet de comprendre ce qui a poussé certains penseurs, comme Spinoza, à professer qu'il n'y a pas de distinction réelle entre Dieu et le monde, comme je le disais au chapitre précédent. Cette doctrine s'appelle le «panthéisme». En grec, *pan* signifie «tout», et *theos*, «Dieu»: Dieu serait le Grand Tout et la nature serait son corps, sa manifestation. Selon Spinoza, tous les êtres seraient des «modes» de Dieu, lequel serait leur «substance», au sens propre:

> L'essence de l'homme est constituée par des modifications définies des attributs de Dieu. Car l'être de la substance n'appartient pas à l'essence de l'homme. Celle-ci est donc quelque chose qui est en Dieu et qui, sans Dieu, ne peut être ni être conçu, autrement dit une affection ou un mode

qui exprime la nature de Dieu d'une façon définie et déterminée[22].

Je ne m'attarderai guère à critiquer cette doctrine, qui est en contradiction aussi évidente avec la perception que nous avons de notre humaine fragilité qu'avec les exigences de la raison. Comment concilier notre propre imperfection et celle du monde matériel avec la perfection infinie de Dieu ?

Il est vrai que Dieu nous donne l'être, mais il ne s'agit pas de son propre être qu'il partagerait avec nous, pas plus que nous devenons des prolongements de sa substance. Si nous étions réellement de nature divine, cela se verrait de façon évidente et personne n'aurait besoin de profondes spéculations pour s'en convaincre : nous serions parfaits !

De plus, le fait d'amalgamer Dieu avec le monde revient à faire de lui un être en partie matériel, donc périssable. Par conséquent, le panthéisme équivaut à la négation de l'existence de Dieu en tant que cause impérissable de tout ce qui est périssable.

Bien que cette vision du monde n'ait plus vraiment cours, elle a néanmoins influencé la philosophie contemporaine en accréditant une certaine forme d'*immanentisme*[23]. Comme le panthéisme, cette conception tend à rejeter tout être ou tout principe d'existence qui serait séparé du monde matériel, c'est-à-dire tout être *transcendant*[24]. L'immanentisme est donc lui aussi une forme d'athéisme. En refusant tout ce qui ne fait pas partie du monde, il se trouve à éliminer Dieu. Selon ce point de vue, seul existerait l'univers que nous pouvons voir de nos yeux et toucher de nos mains. Tout serait inclus dans ce monde et il n'y aurait rien au-delà de celui-ci.

Une telle conception contraste vivement avec la mentalité de la plupart des cultures archaïques qui ont eu tendance à déprécier le monde matériel dans lequel nous vivons. Ces civilisations imaginaient un monde divin et parfait situé dans le ciel au-dessus de nos têtes. Ce super-monde servait de résidence permanente aux dieux et aux autres entités surnaturelles. Mais il logeait également des êtres parfaits qui servaient de modèles pour créer toutes les choses matérielles qui peuplent la terre. C'était la participation à ces modèles divins qui donnait de la valeur aux êtres naturels, comme l'explique l'historien des religions Mircea Eliade :

> Si l'on observe le comportement général de l'homme archaïque, on est frappé par ce fait : pas plus que les actes humains proprement dits, les objets du monde extérieur *n'ont de valeur intrinsèque autonome.* Un objet ou une action acquièrent une valeur, et, ce faisant, deviennent réels, parce qu'ils participent, d'une manière ou d'une autre, à une réalité qui les transcende[25].

L'auteur cite ensuite de nombreux exemples, dont le temple et la ville de Jérusalem qui, d'après les livres saints, ont été construits selon des modèles célestes.

On voit déjà s'esquisser, dans ces temps reculés, une tendance à opposer le sacré (divin, immatériel, spirituel) au profane (terrestre et matériel). Il y a là une forme de dualisme qui imprégnera toute la tradition religieuse et philosophique de l'Occident.

Cette vision du monde apparaît avec une grande clarté chez Platon, le premier philosophe grec qui a laissé une œuvre écrite substantielle. Selon lui, comme dans les religions archaïques, le monde matériel est copié sur des modèles divins situés dans le ciel. Il a appelé ces modèles les « idées séparées ».

Platon a excellemment illustré sa pensée dans un texte célèbre : l'allégorie de la caverne[26]. Il y compare les humains à des prisonniers qui auraient été enchaînés dès leur enfance dans une caverne, de telle sorte que leur regard demeurait fixé sur le mur situé au fond de ce cachot. Cependant une lumière brillait dans leur dos et projetait sur ce mur les ombres des choses qui se passaient derrière eux. Tout ce qui était accessible à la vue de ces hommes n'était que des ombres : n'ayant jamais vu rien d'autre, ils étaient alors convaincus que ces ombres constituaient le monde véritable.

Selon Platon, l'ensemble des humains se comportent comme ces prisonniers : ils regardent les choses qui les entourent comme si elles étaient des réalités authentiques. Pourtant, il ne s'agit que de pâles imitations des êtres véritables, les idées divines et éternelles, lesquelles ont servi de modèles pour les fabriquer.

Prise au sens littéral, cette théorie est insoutenable, parce qu'elle double le monde d'un univers immatériel, qui lui serait parallèle, ce qui entraîne certaines conséquences absurdes, que d'ailleurs Aristote, le plus éminent élève de Platon, a mises en évidence sans ménagement. Par exemple, il devrait y avoir des idées séparées pour chacune des notions universelles, comme celles de l'homme, de l'animal, du vivant, du corps, etc. Mais comment, entre autres, concevoir l'animal idéal, qui ne serait ni chien, ni chat, ni aucune autre espèce ? De plus, pour exister concrètement, comme c'est supposé être le cas pour les « idées séparées » dans la théorie de Platon, une chose doit être individuelle. Pour cela il faut qu'elle soit matérielle. Une chose ne peut pas en même temps être individuelle et séparée de la matière. En fait, le seul endroit où les choses peuvent être séparées de la matière, c'est dans notre esprit et non dans la réalité. C'est pourquoi Aristote soutenait que les *idées universelles* n'existent que dans l'intelligence.

Malgré ces incohérences, Platon était néanmoins un visionnaire de génie et l'intuition qui se cache derrière sa doctrine ne manque pas de justesse. Elle rejoint la conception que j'ai développée plus haut, à savoir que les choses contingentes tirent leur substance de l'Être nécessaire. Par conséquent, les attributs qui appartiennent à ces choses de façon contingente, donc imparfaite, supposent une cause qui, elle, les possède de façon nécessaire et parfaite. C'est pourquoi il est vrai de dire que, par exemple, la beauté qui resplendit chez les êtres naturels qui nous entourent n'est qu'un effet et une participation de la beauté de Dieu, laquelle est la beauté en soi, parfaite et éternelle. Ainsi il y a en Dieu des modèles exemplaires de toutes choses, ce qui correspond d'une certaine façon aux idées séparées de Platon, sans toutefois poser un deuxième univers parallèle au nôtre.

L'adversaire le plus acharné des théories platoniciennes ne fut sans doute pas Aristote, mais plutôt Nietzsche (1844-1900). Ce philosophe, un des plus éminents des temps modernes, a consacré toute son œuvre à déconstruire l'héritage religieux occidental, qu'il jugeait hostile à toutes les valeurs terrestres et destructeur de la vie.

Le plus grand reproche qu'il adressait à Platon était d'avoir méprisé le monde matériel et de lui avoir superposé un monde idéal, purement imaginaire. Il est vrai que Platon entretenait un profond mépris à l'endroit du corps, qu'il voyait comme une prison pour l'âme et un obstacle presque insurmontable à la recherche de la vérité. Selon lui, la plupart des hommes étaient complètement enchaînés, comme les prisonniers de la caverne, à leurs besoins et à leurs désirs corporels. C'est pourquoi il les jugeait incapables de dépasser la sensation et l'imagination pour s'élever à la contemplation de la Vérité.

Par conséquent, Nietzsche rejetait avec autant de virulence le christianisme, parce qu'il l'accusait d'avoir perpétué le platonisme en l'adoptant comme sa philosophie de base, dans une version vulgarisée à l'intention du peuple. Selon lui, c'était là qu'il fallait chercher l'origine de la tendance ascétique qui s'est imposée à l'Occident depuis vingt siècles : surestimation de l'esprit, accompagnée d'une dévalorisation de la matière, du corps, du plaisir et de la vie terrestre en général. Dès le prologue de son *Zarathoustra*, Nietzsche résume de façon décisive l'accusation qu'il adresse au christianisme dans l'ensemble de son œuvre :

> « Je vous en conjure, mes frères, restez fidèles à la terre et ne croyez pas ceux qui vous parlent d'espoirs supra terrestres ! Ce sont des empoisonneurs, qu'ils le sachent ou non.
>
> Ce sont des contempteurs de la vie, des moribonds et eux-mêmes des empoisonnés dont la terre est fatiguée : qu'ils s'en aillent donc !
>
> Il fut un temps où le sacrilège était le plus grand des crimes, mais Dieu est mort, et avec lui les criminels ! Le plus terrible maintenant, c'est d'outrager la terre et d'estimer plus que le sens de la terre les entrailles de l'insondable.
>
> Il fut un temps où l'âme regardait le corps avec mépris : et ce mépris était alors ce qu'il y avait de plus haut : elle le voulait maigre, hideux, affamé. Elle pensait ainsi lui échapper, à lui et à la terre[27]. »

Le message de Nietzsche a profondément imprégné la philosophie du XXᵉ siècle. La matière, le corps humain, le monde visible et palpable, tout cela a maintenant pris une telle importance que toute pensée d'un autre monde, spirituel ou divin, ne peut qu'apparaître comme la restauration d'une attitude rétrograde. La matière s'impose à nous avec une telle autorité que nous percevons facilement Dieu comme une hypothèse qui vient faire concurrence à la nature telle que nous la connaissons.

À première vue, la conception du monde qui sous-tend l'athéisme moderne semble s'opposer carrément au dualisme primitif, qui posait le monde des hommes en face de celui des dieux, comme deux protagonistes qui ne pouvaient s'ignorer. Mais quand on y regarde de plus près, on s'aperçoit que l'athéisme reste, en un certain sens, enfermé dans cette sorte de système. D'un côté, il pose la matière, qui existerait par elle-même. Si, alors, quelqu'un songe à introduire Dieu dans l'équation, il se voit contraint de lui donner le statut de principe opposé à la matière. Et c'est pour cela que l'athée nie l'existence de Dieu. Pourtant, y a-t-il une telle opposition entre Dieu et le monde ? Quand on croit en Dieu, est-on nécessairement platonicien ? Et quand on aime la matière est-on nécessairement athée ?

Cette façon de sentir les choses rappelle de vieilles tendances métaphysiques qui viennent de loin et n'ont pas manqué de séduire nombre de chrétiens au cours de l'histoire. Ainsi, déjà au

IIIe siècle, l'hérésie manichéenne concevait, côte à côte, deux divinités concurrentes, en lutte l'une contre l'autre. Il y avait, d'une part, le Dieu du bien, créateur des esprits et de la lumière, et, d'autre part, le Principe du mal, créateur de la matière, de la chair et des ténèbres. De même aux XIIe et XIIIe siècles, l'hérésie cathare, dans le Midi de la France, reprenait cette conception d'une lutte cosmique entre les principes du bien et du mal.

On peut même remonter encore plus loin pour retracer les origines de cette vision du monde. On la retrouve déjà dans la religion persane qui se développa dans le prolongement de la prédication du prophète Zarathoustra (VIe siècle av. J.-C.). Là aussi, le bien et le mal s'affrontaient comme deux divinités opposées : les frères jumeaux Ormuzd, le bien, et Ahriman, le mal. C'est d'ailleurs pourquoi Nietzsche estima approprié de ressusciter cet antique prophète pour qu'il vienne, sous sa plume, « reconnaître son erreur[28] ». En annonçant la mort de Dieu, Nietzsche voulait en quelque sorte mettre fin à la domination du principe spirituel sur le principe matériel et consacrer définitivement la victoire du « sens de la terre ».

Quoi qu'il en soit de la pensée de Nietzsche, il reste que la mentalité occidentale semble continuer à nourrir une secrète sympathie à l'endroit de ce genre de dualisme. Que l'on concède la victoire finale au principe du bien et de l'esprit, ou que l'on renverse les valeurs pour faire triompher le principe adverse, la matière, on se situe toujours dans la même dynamique dualiste. Une des conséquences de cette attitude, c'est que le monde se trouve divisé entre bons et méchants, entre fidèles et infidèles, entre élus et damnés.

Selon moi, ces présupposés expliquent en partie le penchant de nombreux philosophes actuels vers l'immanentisme et l'athéisme. Peu de penseurs sont prêts à admettre un Dieu qui leur apparaît comme un *adversaire* de la matière, surtout à une époque où la science naturelle vogue de conquête en conquête et libère de plus en plus les hommes des ténèbres de l'ignorance et du sous-développement.

Qui plus est, ce Dieu a tellement été associé au dogmatisme et à l'intolérance que l'on comprend facilement l'aversion des libres penseurs à son endroit. Le refus de la transcendance découle donc également de la conscience aiguë de l'autonomie individuelle à laquelle est parvenue la conscience occidentale. En général, nous éprouvons une profonde répugnance à toute soumission de la raison à une autorité dogmatique.

Enfin, il y a encore une autre raison au refus d'un être transcendant qui serait créateur de l'univers, surtout de la part de penseurs qui ont été éduqués dans la mouvance de la tradition chrétienne. Il se trouve que le christianisme a, jusqu'à un certain point, perpétué une conception archaïque de la création, dominée par l'image de l'artisan qui fabrique des outils à sa convenance et pour son utilité. Ainsi saint Paul n'écrit-il pas : « O homme ! vraiment, qui es-tu pour disputer avec Dieu ? L'œuvre va-t-elle dire à celui qui l'a modelée : Pourquoi m'as-tu faite ainsi ? Le potier n'est-il pas maître de son argile pour fabriquer de la même pâte un vase de luxe ou un vase ordinaire[29] ? » Il n'est pas étonnant que l'esprit moderne, peu sensible au langage symbolique, soit choqué par une telle vision. Concevoir l'univers et l'humanité comme des espèces de jouets entre les mains d'un créateur capricieux et colérique a plus à voir avec le portrait du tyran psychopathe que du père bienveillant.

En résumé, il me semble donc que la mentalité actuelle soit influencée par un certain nombre de facteurs plus ou moins conscients qui la poussent à rejeter toute forme de transcendance : 1° à cause d'un dualisme latent, Dieu est perçu comme un concurrent du monde naturel ; 2° il est même vu comme un adversaire de la matière ; 3° il apparaît comme associé à une forme ou une autre de croyance aveugle et d'intolérance ; 4° enfin, son acte de création du monde aurait des relents de tyrannie et d'arbitraire.

En ce qui concerne le dualisme métaphysique, il m'apparait comme un reliquat de l'ancien polythéisme qui a eu cours dans la plupart des religions archaïques, par exemple celle des anciens Égyptiens. Il fleurit d'ailleurs encore dans nombre de cultures traditionnelles, où dieux et démons, bons et mauvais esprits se disputent le pouvoir surnaturel.

La tendance à concevoir Dieu comme une entité opposée au monde matériel résulte aussi du besoin que les humains ont eu de s'en faire une image concrète adaptée à leur capacité de compréhension. C'est pourquoi, dans la plupart des religions archaïques, le culte s'est servi d'idoles toutes plus ou moins ressemblantes à des personnes humaines. Même dans des civilisations plus récentes et plus évoluées, on a encore recours à une imagerie des plus réalistes pour pratiquer la religion. Dieu a donc été conçu à l'image de l'homme, c'est-à-dire de façon anthropomorphique.

S'il est perçu comme un humain, même immensément grand et tout-puissant, il est dangereux qu'il apparaisse comme un concurrent du reste de l'humanité. Dieu se trouve un peu dans une situation analogue à celle des rois et des despotes qui ont imposé le joug de leur domination sur la plupart des anciennes civilisations. Comment alors ne pas l'imaginer comme un personnage distant et hostile, localisé quelque part dans notre univers ou en marge de celui-ci, toujours prêt à y déclencher des actions dévastatrices ? De là à considérer comme des mesures punitives les catastrophes qui s'abattent sur l'humanité il n'y a qu'un pas que certains *preachers* n'hésitent pas à franchir.

L'illogisme d'une telle représentation saute aux yeux dès que l'on repense aux raisons qui ont servi de fondement pour prouver l'existence de Dieu. On a vu, en effet, que Dieu est la cause et le fondement de tout être, de toute nature, de toute perfection, parce qu'il est l'existence même, la concentration et la source de tous les possibles. Dieu n'est pas un être parmi d'autres et à côté des autres, même conçu comme le premier, le plus grand et le plus excellent. Il est hors catégorie et ne peut pas être mis en comparaison ou en compétition avec le genre humain ou le monde matériel.

Si Dieu est la source infinie de tout être, il échappe à toutes limites comme celles qui sont imposées par la matière. Il ne peut donc être ni corporel, ni changeant, ni corruptible, car il serait alors enfermé dans une nature déterminée et contingente comme nous. Tout en étant intimement lié à la création, qui est comme son miroir, il demeure infiniment différent d'elle.

Il est donc impossible de le situer en opposition avec l'univers qu'il a créé. Ce serait un peu comme opposer la mer aux vagues qu'elle porte et qu'elle engendre par ses oscillations. Mais ce n'est là qu'une faible image de la réalité de Dieu, car nous ne sommes tout de même pas de la même nature que lui, tandis que la vague fait partie de la mer.

Dès que l'on a quelque peu pressenti la portée de telles vérités, on sait qu'il ne peut être question de mettre Dieu en opposition avec la matière, avec les corps et avec la vie qu'il a créés et qu'il maintient dans l'existence. Ce serait un peu comme imaginer la terre en train de rejeter et de persécuter les êtres vivants qu'elle a produits et qu'elle nourrit.

Par ailleurs, mon discours est la preuve que l'on peut concevoir Dieu sans se référer aux dogmes des religions. Les positions parfois extrêmement abstraites que je m'efforce de rendre évidentes ne sont en somme que les conclusions d'un enchaînement de déductions rationnelles. Par conséquent, je ne compte que sur la force de mes arguments pour arriver à partager le fruit des nombreuses années que j'ai consacrées à ces réflexions, fidèle à une longue tradition philosophique.

C'est l'amour de la vérité qui guide ma démarche. Selon moi, il est évident que Dieu n'a absolument aucun besoin que nous croyions en lui, ni que nous le servions de quelque façon que ce soit. Il a cependant besoin que nous coopérions à sa création, car il nous a inclus dans son plan cosmique en tant qu'agents doués d'intelligence, d'affectivité et de liberté.

Il est essentiel pour nous de vivre le plus possible dans la vérité. La lumière et l'espoir que peut faire briller dans nos esprits la conscience que nous ne venons pas de nulle part et n'allons pas simplement au néant m'apparaît être un motif extrêmement sérieux de chercher la vérité sur Dieu.

Enfin, même si je soutiens fermement que Dieu a créé le monde et continue à le maintenir dans l'existence, je tiens néanmoins à souligner que je ne me rallie nullement au « créationnisme » professé par certains savants actuels, surtout affiliés à la droite religieuse américaine[30]. Ma position relève strictement de la métaphysique. Au contraire, celle des défenseurs du « créationnisme » et de sa version plus modérée, le « dessein intelligent », se veut une théorie scientifique, au même titre que l'évolutionnisme.

Pour clarifier ces questions, il est nécessaire de faire certaines distinctions que je n'ai pas cru utile d'amener jusqu'à maintenant. La philosophie est devenue une science dont les contours demeurent assez vagues pour la plupart des gens. Les philosophes s'intéressent à tant de choses, en effet, qu'on ne sait plus trop ce qui leur appartient en propre. Les limites sont parfois difficiles à tracer entre leur discipline, les sciences humaines et les sciences de la nature.

C'est bien normal, car il ne faut pas oublier que, à l'origine, la philosophie englobait l'ensemble du savoir. À mesure que les sciences particulières ont pris de l'ampleur, surtout vers le XVIe siècle, elles se sont séparées de la philosophie. Elles ont concentré leurs efforts sur l'observation des phénomènes naturels particuliers et de leurs causes immédiates, laissant à la spéculation philosophique les questions plus générales, par exemple la définition du mouvement, du temps, de la vie, de la connaissance, des rapports esprit-matière, etc.

De plus, la philosophie elle-même se divise en plusieurs disciplines, dont la plus fondamentale est la métaphysique[31], appelée aussi « ontologie », c'est-à-dire étude (*logos*) de l'être (*ontos*) en général. Le sujet principal de la métaphysique est la cause première de tous les êtres, Dieu. La démonstration que j'ai faite de l'existence de Dieu appartient donc à cette discipline.

Considérant toutes ces distinctions, il apparaît que, dans nos tentatives pour expliquer la nature et l'origine du monde, il est important de ne pas tomber dans la confusion des genres et des disciplines. La métaphysique a pour objet l'explication générale de l'existence de tous les êtres. Dans ses spéculations, elle ne s'appuie aucunement sur l'observation minutieuse des particularités des phénomènes naturels, comme le font les sciences expérimentales. Elle se fonde, au contraire, sur la constatation extrêmement générale de la contingence de tous les êtres qui peuplent notre univers et elle cherche à en trouver l'explication. Elle ne se demande pas pourquoi les poissons ont des branchies et les mammifères des poumons, ni si l'homme descend ou non du singe. Entre autres questions fondamentales, elle veut savoir pourquoi il y a quelque chose plutôt que rien, ce qui est une tout autre affaire. Pour résoudre ce problème, elle n'a nullement besoin d'un appareillage technique sophistiqué, ni de puissantes formules mathématiques, ni de fouilles méthodiques dans les entrailles de la Terre. Il suffit au métaphysicien d'être capable de raisonner correctement à partir de ce qui tombe sous le sens commun et d'être rompu à un certain niveau d'abstraction.

La métaphysique nous enseigne que Dieu existe et qu'il est la cause première de tout ce qui existe. Elle nous assure que toutes choses ont été créées par lui, qu'il est la cause de leur existence et de la nature que chacune possède. Je suis ici, à cette heure-ci, en train d'écrire, parce que Dieu m'a fait tel que je suis, avec mon cerveau, mon système moteur et toute l'organisation complexe qui me permet de vivre et d'agir. Mais si je veux en savoir plus long sur la façon dont il s'y est pris pour arriver à ce résultat, pour connaître mes ancêtres lointains ou mon héritage génétique, je devrai m'adresser aux scientifiques plutôt qu'aux philosophes.

Puisque Dieu a créé la nature avec toutes ses lois et nous a laissé la noble tâche de découvrir celles-ci par l'activité autonome de notre intelligence, nous pouvons faire toutes les hypothèses que nous voudrons sur les modalités concrètes selon lesquelles se sont déroulés les innombrables événements qui ont abouti au cosmos tel que nous le connaissons maintenant. La métaphysique n'a rien à voir là-dedans.

Dieu a-t-il fait, dès le début, toutes choses telles que nous pouvons les observer actuellement ? C'est hautement improbable. Pour ce qui est des affirmations de la Bible, il y a longtemps que les exégètes ont compris qu'il fallait lire la Genèse en tenant compte de la théorie des genres littéraires, ce qui veut dire qu'il ne faut pas considérer ce texte comme un rapport scientifique écrit par un géologue, un historien, un biologiste ou un astrophysicien. On peut tout au plus supposer qu'il s'agit là de profondes intuitions métaphysiques et psychologiques traduites dans le langage imagé utilisé par la plupart des mythes cosmogoniques connus.

Par conséquent, à certaines conditions, il n'y a rien d'offusquant pour un métaphysicien à l'idée que tout l'univers soit issu de l'évolution de certains éléments originels, il y a plusieurs milliards d'années. D'un autre côté, les principes de sa science ne lui permettent pas davantage de cautionner l'évolutionnisme. Ce problème relève de la science naturelle et non de la compétence du philosophe.

Ce qui est cependant important pour le métaphysicien, c'est que l'évolutionnisme ne soit pas utilisé comme argument pour défendre l'idée que tout n'est que matière et que l'univers n'a aucune cause transcendante. Ceux qui ont ces prétentions outrepassent les limites de la science expérimentale, ce qui est une autre façon de tomber dans la confusion des genres : ils sautent de la science naturelle, qui s'interroge sur le *comment*, à la métaphysique, qui cherche le *pourquoi* ultime.

Même si l'évolution devenait un fait démontré plutôt qu'une hypothèse extrêmement probable, cela ne fournirait pas la réponse finale à la question de l'origine de la capacité d'évoluer que possédait la matière dès les débuts de l'univers.

Pour mieux comprendre la distinction entre la réflexion métaphysique et la recherche scientifique, il peut être utile de considérer leurs orientations respectives. Le scientifique essaie de remonter la chaîne des causes qui se suivent sur le plan *horizontal* de l'espace et du temps. Les facteurs qu'il prend en considération se situent tous au niveau de l'être contingent. Au contraire, le métaphysicien s'oriente à la *verticale* : il s'élève de l'être contingent vers l'Être nécessaire. Ces deux démarches ne sont pas en opposition l'une avec l'autre, mais dans un rapport de complémentarité.

Alors, quand les tenants du « dessein intelligent » soutiennent que le vivant est trop complexe pour que sa formation puisse résulter des rencontres accidentelles de certains éléments purement chimiques, ils soulèvent une difficulté que les évolutionnistes doivent prendre en considération. Cependant, quelle autre théorie scientifique de rechange les premiers peuvent-ils opposer aux seconds pour expliquer l'éclosion de la vie sur terre ? Recourir à l'action de l'intelligence divine pour rendre compte de ce qui est encore scientifiquement inexplicable, c'est sauter par-dessus les causes secondes pour arriver à la cause première. Ce procédé rappelle curieusement la mentalité animiste à laquelle j'ai fait allusion au chapitre 1 avec l'histoire de l'alligator. C'est un raccourci qui ne nous apprend rien sur les comportements de la nature, à savoir les voies concrètes par lesquelles la vie a fini par éclore dans le cosmos.

Dieu a très probablement fait intervenir le hasard pour construire l'univers, car les causes naturelles qu'il a mises en place sont si nombreuses qu'il n'a pu faire l'économie de leurs incalculables rencontres. De toute façon, c'est aux astrophysiciens et autres scientifiques de tous ordres qu'il appartient de chercher les réponses à ces questions, et non aux philosophes.

Tout ce que le métaphysicien peut affirmer, c'est que la cause première n'est nullement embêtée par le hasard dans l'exercice de sa causalité, pas plus, d'ailleurs, que par la liberté humaine, comme nous le verrons au chapitre suivant. Dieu fait arriver *nécessairement* les choses nécessaires, de façon *contingente* les choses contingentes et *librement* les actions libres de l'homme. Pourtant, rien n'empêche qu'il dirige tout infailliblement, parce que tout ce qu'il y a d'*être* dépend de lui.

CHAPITRE 7

Dieu respecte notre liberté

Il apparaît maintenant évident que les êtres contingents que nous sommes dépendent totalement de l'Être nécessaire. Cependant, si absolue que soit cette dépendance, elle ne diminue en rien l'autonomie de l'intelligence humaine, dans le champ de son activité propre, non plus que celle de la volonté, dans l'exercice du libre arbitre.

Il est vrai qu'il n'est pas facile de concevoir l'action créatrice de Dieu autrement que sur le modèle de nos productions humaines. Quand nous fabriquons des robots, même les plus sophistiqués, il nous est impossible de les rendre libres de leurs mouvements. Ce n'est que par une très lointaine analogie que nous leur attribuons parfois la capacité de prendre des décisions personnelles, après avoir évalué des situations complexes. C'est, par exemple, le cas des armes prétendument intelligentes inventées par nos ingénieurs. Lorsqu'un missile poursuit une cible quelconque, il a un peu l'air de se guider par lui-même. Nous savons très bien toutefois qu'il ne fait qu'exécuter aveuglément le programme que nos informaticiens ont enregistré dans son ordinateur.

Or un abîme sépare la création divine de nos propres productions : Dieu nous a faits libres et il serait en contradiction avec lui-même si sa planification nous empêchait de faire nos choix en toute liberté.

Dieu décide de tout ce que nous faisons, et, en même temps, nous demeurons pleinement libres de faire ou non ces mêmes actions.

À première vue, cette proposition a quelque chose de choquant pour la raison. Ce problème n'a d'ailleurs pas échappé aux philosophes et aux théologiens chrétiens, qui ont longuement débattu de l'épineuse question de la prédestination. Si Dieu a décidé à l'avance de tout ce que nous ferons et de tout ce qui nous arrivera, comment admettre que nous demeurons tout de même libres de nos choix ?

Je suis néanmoins convaincu qu'il n'y a aucune contradiction entre la causalité infaillible de Dieu et le libre arbitre de l'homme. Le caractère insurmontable de ce problème résulte de notre incapacité à concevoir ce qu'est réellement le don de l'être. Il s'agit d'une notion radicalement étrangère à tout ce que nous observons dans le domaine humain aussi bien que dans la nature en général. Il se trouve simplement que nous sommes forcés de reconnaître que, même si nous sommes libres, Dieu demeure tout de même la cause première de nos choix. Cette vérité dépasse notre entendement, mais elle s'impose à nous dans la mesure où nous refusons d'admettre un monde où il se produirait tout plein d'actions contingentes sans cause nécessaire.

Si Dieu est la source de tout l'être, il est aussi la cause première de tout ce que nous faisons, car cela aussi est de l'être.

Quant à nous, lorsque nous mettons un enfant au monde, nous ne lui donnons pas l'existence, nous ne faisons que transformer une partie de nos cellules en celles d'un nouvel individu, qui est appelé à se séparer de nous. Et quand la séparation a lieu, cet individu devient autonome par rapport à nous, ses parents. Alors il agit par lui-même et, si nous voulons le diriger, nous devons recourir à la contrainte.

Au contraire, quand il s'agit du don de l'existence totale, le lien de dépendance par rapport au donateur, Dieu, ne se limite pas à la gestation et à la naissance, mais à l'entièreté de la vie. Celle-ci dépend de la causalité divine non seulement pour sa *production* mais aussi pour sa *conservation*, puisque, comme on l'a déjà vu, l'existence demeure toujours un attribut contingent pour la créature : cet attribut ne s'intègre jamais à celle-ci comme un caractère nécessaire ainsi qu'il l'est pour Dieu.

Pour bien saisir cette différence entre la causalité divine et celle des causes secondes que sont les créatures, il faut remarquer qu'on retrouve aussi une distinction du même genre au sein des causes naturelles. Prenons un exemple très simple : le courant électrique fourni par notre réseau d'alimentation. C'est lui qui fait briller nos ampoules et fonctionner nos ordinateurs. Or le courant est nécessaire non seulement pour amorcer l'opération de ces appareils, mais également pour les maintenir en action. Il en va de même pour la production de l'être par Dieu, parce que l'existence est un effet qui ne peut jamais être détaché de sa cause ni définitivement intégré à l'essence de la créature : il n'est pas donné une fois pour toutes, mais doit être entretenu pendant sa durée entière.

Voilà pourquoi non seulement tout ce que nous sommes mais aussi toutes les actions que nous posons émanent de Dieu en tant que cause première. Ainsi toutes nos perceptions, nos décisions et nos agissements sont simultanément produits par nous, comme cause prochaine, et par Dieu, comme cause première.

Il en va un peu comme pour un tableau, lequel est en même temps l'effet du pinceau, qui étend la couleur, de la main qui tient et dirige le pinceau, et, ultimement, de l'imagination et des décisions de l'artiste, qui orchestre la réalisation de l'œuvre. Évidemment, il y a une différence immense entre l'action du peintre et celle de Dieu : les nerfs, les muscles, le bras, la main et le pinceau obéissent aveuglément aux ordres du cerveau du peintre, tandis que l'homme, qui agit grâce à l'énergie divine qui lui est communiquée, demeure tout de même libre et maître de ses actions comme s'il en était la seule cause. Pourtant, tout ce qu'il fait est en même temps voulu et produit par Dieu.

Ce qu'il ne faut jamais oublier, c'est que le fait de rapporter tous les événements naturels ou humains à la causalité de Dieu ne change absolument rien au déroulement observable de ces événements. Le fait de poser Dieu à l'origine de toute existence n'introduit aucune différence dans la nature et le fonctionnement du monde. Tout ce que cette idée ajoute, c'est que cette immense mécanique ne fonctionne pas toute seule, mais qu'elle a été conçue, créée et qu'elle est dirigée par un principe infaillible et éternel, et que c'est par lui qu'elle est supportée dans l'existence.

Enfin, pour se faire une juste idée de la causalité divine, surtout en rapport avec l'exercice du libre arbitre de l'homme, il faut arriver à comprendre que Dieu n'a rien d'un *big brother* qui se tiendrait derrière nous et nous aurait à l'œil. Il faut plutôt le concevoir comme un principe abstrait absolument invisible et inimaginable. Il nous soutient dans l'être et nous habite en profondeur. Il est un peu comme l'être de notre être. Mais, du point de vue de notre expérience consciente, tout se passe comme si nous subsistions et agissions par nous-mêmes sans aucun support extrinsèque.

D'ailleurs, pouvons-nous vraiment concevoir ce qu'est notre propre existence : qu'est-ce qu'exister ? Alors comment voir la différence entre exister par soi-même et exister grâce à la causalité d'un premier principe ?

Pour illustrer d'une autre façon ces idées extrêmement abstraites, je pourrais risquer une image et comparer l'action de Dieu à celle du soleil, dont les rayons miroitent sur les vagues d'une nappe d'eau. Le reflet appartient bien, d'une certaine façon, à la masse liquide qui scintille sous l'effet de la lumière ; pourtant, ce reflet est dans un état de dépendance totale et continuelle par rapport au soleil qui le produit.

Une autre comparaison : l'énergie qui nous permet de nous mouvoir et de nous livrer à toutes nos opérations vitales est complètement tirée des aliments que nous consommons, lesquels la détiennent du soleil qui l'a dispensée à tous les végétaux qu'il a fait croître. Pourtant, cela ne nous empêche nullement de nous savoir libres de nos mouvements, comme si nous étions nous-mêmes la source première de notre énergie. Ainsi, l'existence nous appartient réellement et nous pouvons en jouir en toute liberté. Mais elle nous arrive de façon tout à fait gratuite : c'est le premier de tous les cadeaux que nous avons reçus de Dieu. Et c'est un don que nous n'avons pas simplement reçu une fois pour toutes à notre naissance, mais qui nous est dispensé continuellement pour que nous ne retombions pas dans le néant.

Il s'agit là d'une exigence philosophique et d'une question de vérité. La vérité ne se présente pas toujours sous les dehors les plus sympathiques qui soient. Le chant de sirène de Nietzsche a quelque chose de bien séduisant pour nos modernes oreilles : nous pouvons difficilement résister à la flatterie de qui nous élève à la dignité de « surhommes », selon le vocabulaire de ce philosophe. Mais voilà la vérité : nous sommes sur terre sans raison apparente et la vie nous est échue en héritage de façon tout à fait gratuite.

Par ailleurs, cette vie, nous ne pourrons rien faire pour la retenir quand notre heure aura sonné. Quand on a eu la grâce de prendre la main d'un mourant et de recueillir son dernier souffle, ces paroles prennent un sens que l'on n'est pas près d'oublier. Quant à moi, cette expérience m'a été accordée et elle reste profondément gravée dans ma mémoire. Et quand, un jour, je me suis presque heurté sur le cadavre d'une adolescente qui venait de se jeter en bas d'un haut viaduc, j'ai également été envahi par un ineffaçable sentiment de tristesse et la conscience aiguë de notre fragilité.

Je ne prétends pas me porter à la défense de Dieu : s'il est ce que je soutiens, il n'a sûrement pas besoin de défenseurs. C'est évidemment moi qui ai besoin de lui. J'ai besoin qu'il soit, pour pouvoir moi-même exister, et j'ai également besoin de savoir qu'il existe pour conserver ma paix intérieure. Je ne peux vivre avec l'idée du néant suspendu sur ma tête, ou plutôt m'attendant comme un trou béant au bout de mon chemin. Je ne peux arriver à me persuader que le moment présent peut être vécu comme s'il était éternel et que la vie après la vie est sans aucune importance. Il est vrai que, dans la perspective athée, une fois morts, nous ne serions plus là pour éprouver l'angoisse face au néant. Malheureusement, il se trouve que la terreur, c'est maintenant que, bien vivants, nous l'éprouvons.

Par ailleurs, la vision d'une intelligence suprême, qui guide nos vies aussi bien que l'univers entier vers des réalisations aussi grandioses que mystérieuses, éclaire toutes choses d'une lumière qui transfigure l'existence de façon définitive. Par elle nous sommes introduits dans le monde du sens. Nous cessons de nous voir soufflés comme des poussières par les aléas de la fortune vers une fin aussi absurde que notre origine : nous devenons les acteurs d'un projet fabuleux.

Les civilisations anciennes ont toutes pressenti cela et l'ont exprimé de la façon la plus magnifique qui soit dans leurs mythologies. Par leurs croyances et leurs rites, elles ont fait l'expérience vivante de la participation à la vie des dieux. Pour elles, l'univers était le grand théâtre où se joue un drame éternel, celui de l'être. Tous ces hommes ont senti qu'ils appartenaient à la famille de Dieu.

Il est vrai que maintenant, pour la plupart d'entre nous, ces récits merveilleux ont perdu leur pouvoir d'envoûtement. Pourtant, la réalité cachée derrière ces mythes n'a rien perdu de sa vérité. L'Être au-delà de l'être demeure à jamais comme le fondement inébranlable du monde des apparences. Et, à travers toutes nos évolutions psychologiques, notre raison conserve le pouvoir inaliénable de s'élever jusqu'à lui. Nous sommes, nous aussi, rattachés à Dieu par un lien plus étroit que celui qui nous unit à nos semblables. Nous sommes, nous aussi, en un certain sens, fils et filles de Dieu.

Et pourquoi verrions-nous l'action divine qui s'exerce à travers nous comme une contrainte qui vient limiter notre liberté et notre créativité ? En réalité, notre liberté de choix demeure entière, même si nous sommes conduits par Dieu de façon infaillible vers notre destin. À tel point que nous devons affirmer :

Dieu a absolument besoin de notre libre participation pour réaliser son projet d'une humanité constituée de personnes capables de s'aimer les unes les autres et de gravir le sentier difficile qui mène à la conquête de la maturité et de la pleine responsabilité morale.

Dieu a besoin de nous parce que la bonté morale et la décision de vivre dans l'amour et la compassion sont impossibles sans un choix totalement libre. Tout le monde sait comment il est vain d'essayer de forcer quelqu'un à aimer, s'il ne l'a pas lui-même décidé. Cela, même Dieu ne le peut pas, parce que sa toute-puissance demeure limitée par tout ce qui implique une contradiction. Or il y a une contradiction dans l'idée de forcer quelqu'un à poser un acte libre. À ce sujet, voici ce qu'écrivait Thomas d'Aquin :

> Dieu est la cause première qui met en mouvement aussi bien les causes naturelles que les agents qui font des choix volontaires. Pourtant, cette action de Dieu sur les causes naturelles ne fait pas qu'elles n'agissent plus naturellement. De la même façon, son pouvoir sur les agents volontaires ne fait pas, non plus, que leurs actions cessent d'être volontaires. Au contraire, c'est même à cause de lui que ces actions le sont. En effet, *Dieu fait agir chaque chose en conformité avec sa propre nature*[32].

Nous jouons un rôle essentiel dans cette mystérieuse volonté que Dieu a eue d'exprimer sa créativité dans la grande aventure cosmique. En accomplissant courageusement notre destinée, nous aidons Dieu à réaliser son projet : nous lui offrons une collaboration dont il ne peut se passer. Le stoïcien Marc-Aurèle exprimait déjà cette vérité à sa façon :

> Tous nous collaborons à l'accomplissement d'une œuvre unique, les uns en connaissance de cause et avec intelligence, les autres sans s'en rendre compte. C'est ainsi qu'Héraclite, je crois, dit que, même ceux qui dorment, travaillent et collaborent à ce qui se fait dans le monde. L'un collabore d'une façon différente de l'autre, de même, par surcroît, celui qui murmure et celui qui tente de s'opposer à ce qui s'y fait et de le détruire. Le monde, en effet, a

> aussi besoin de gens de cette sorte [...]. Celui qui, en effet, gouverne l'univers, de toute façon saura bien t'employer et te mettre en une certaine place parmi ses collaborateurs et ses assistants[33].

C'est sans doute ce que pressentaient aussi certaines civilisations traditionnelles quand elles offraient des sacrifices pour assurer la survie de leurs divinités, surtout la régénération annuelle de la grande Terre Mère, ou quand elles adressaient leurs prières au dieu Soleil pour le soutenir dans sa course à travers le ciel. En ces temps reculés, les hommes se sentaient responsables de leurs dieux aussi bien que de la marche de l'univers. Pour accomplir ces devoirs religieux, ils observaient consciencieusement les rituels ancestraux qui pouvaient aller jusqu'à offrir des sacrifices humains.

De nos jours, la responsabilité rituelle a fait place à la responsabilité morale. Les humains se sentent désormais engagés dans la construction d'un monde plus vivable, plus harmonieux, plus pacifique et plus respectueux de la vie. La conscience de la causalité de Dieu, qui dirige infailliblement tous les êtres vers leur destin, ne diminue en rien l'obligation morale que chacun a de devenir le meilleur humain possible et de travailler à l'embellissement de la vie sur cette terre. Au contraire, cette conscience ajoute une dimension sacrée à l'agir humain, qui se trouve ainsi intégré dans une œuvre proprement eschatologique : l'achèvement de la création.

Quand l'homme agit, il engage, pour ainsi dire, Dieu dans son action, puisque toute action humaine est en même temps une action divine. Voilà, il me semble, de quoi redonner du sens à une vie, qui autrement pourrait apparaître si insignifiante et si banale.

Il peut sembler surprenant que la philosophie nous conduise à de telles conclusions. Pourtant, si nous réfléchissons attentivement à ce qui se déroule autour de nous et si nous en tirons rigoureusement les conclusions qui s'imposent, nous sommes amenés à admettre des vérités qui pourraient sembler absolument inaccessibles à la raison humaine de prime abord. En fait, notre intelligence est beaucoup mieux équipée pour comprendre le monde et ses fondements que nous serions portés à le croire.

CHAPITRE 8

Le grand amoureux

La façon dont j'ai parlé de Dieu jusqu'à présent peut laisser entendre qu'il s'agit d'un principe abstrait, d'une espèce de force aveugle, d'une énergie cosmique, ce qui aurait une certaine parenté avec le panthéisme des stoïciens qui identifiaient Dieu à la raison et l'ordre immanent à l'univers. Cette façon de voir a même un air de modernité et n'est pas sans rappeler les mots d'Einstein, qui n'admettait pas de Dieu personnel :

> Ma conviction, liée à un sentiment profond d'une Raison supérieure se dévoilant dans le monde de l'expérience, traduit pour moi l'idée de Dieu. En langage simple, on traduirait comme Spinoza, par le terme panthéisme[34].

Évidemment, à condition de garder en mémoire les réserves que j'ai déjà formulées au sujet du panthéisme, il faut reconnaître que ces propositions mettent en lumière un certain aspect de la divinité, à savoir sa proximité avec le cosmos, comme j'ai tenté de l'expliquer dans le chapitre 6.

Je pourrais également établir ici un parallèle entre ma position et la métaphysique d'esprit panthéiste contenue dans de nombreux textes bouddhiques ou hindouistes qui tendent à identifier l'expérience de Dieu à un état de conscience supérieur, comme si Dieu était immanent à l'homme.

Sans entrer plus avant dans la pensée orientale, qui mériterait de longs développements, je veux tout de même mentionner que le nœud de cette question réside dans la doctrine essentiellement judéo-chrétienne du Dieu *personnel*. C'est, selon moi, le point précis où l'Orient et l'Occident révèlent leur profonde différence métaphysique, pour ne pas dire leur opposition. Il est vrai que la nature de Dieu est si ample et si incompréhensible qu'il n'est même pas surprenant qu'il faille recourir à des approches aussi divergentes pour commencer à s'en construire une image quelque peu satisfaisante. Pour ne pas déborder le cadre de mon essai, je m'en tiendrai ici à tenter de définir ce que j'entends quand je soutiens que Dieu est une personne.

L'idée d'un Dieu cosmique est très ancienne. Déjà les tout premiers philosophes, ceux qu'on appelle les présocratiques (VIIe-Ve siècles av. J.-C.), ont accouché de théories plus ou moins apparentées au panthéisme. Ils attribuaient en effet l'origine du monde à des principes impersonnels comme l'amitié et la haine, la terre, l'eau, l'air, le feu, les nombres ou encore l'*apeiron* (l'indéfini). Platon ne se gêne pas pour qualifier toutes ces opinions d'« insensées », parce qu'elles supposent des éléments physiques et inanimés comme causes de l' «âme du monde», alors que, selon lui, c'est plutôt l'inverse qui serait logique: le premier mouvement doit venir d'une intelligence et non de la matière inanimée. Évidemment, le plus ne peut provenir du moins. C'est pourquoi, conclut-il, il faut admettre, à l'origine de l'univers, l'existence des dieux[35].

Aristote pose, lui aussi, un principe intelligent comme premier moteur du mouvement cosmique:

> Le premier Moteur est donc un être nécessaire, son être est le Bien, et c'est de cette façon qu'il est principe. [...] À un tel principe sont suspendus le Ciel et la nature. [...] Et la vie appartient aussi à Dieu, car l'acte de l'intelligence est vie, et Dieu est cet acte même; et l'acte subsistant en soi de Dieu est une vie parfaite et éternelle. Aussi appelons-nous Dieu un vivant éternel parfait; la vie et la durée continue et éternelle appartiennent donc à Dieu, car c'est cela même qui est Dieu[36].

Quand on lit ces lignes, il faut se rappeler qu'Aristote était le disciple de Platon, comme ce dernier l'avait été de Socrate, et que ces pères de la pensée occidentale, aux Ve et IVe siècles av. J.-C., sont arrivés à établir de telles doctrines par le seul pouvoir de leurs spéculations philosophiques. Ils ne se sont pas appuyés sur les récits mythologiques comme point de départ.

Pour ce qui est de Platon, il a même combattu ces derniers comme des fables mensongères et immorales[37]. Aristote, de son côté, est moins virulent à l'endroit des mythes, mais explique tout de même que la connaissance des dieux provenait à l'origine de recherches philosophiques et non de ces récits. Selon lui, ces derniers n'étaient que des histoires inventées pour vulgariser des vérités qui avaient été découvertes par d'anciens sages. Les mythes avaient vu le jour « en vue de persuader les masses et pour servir les lois et l'intérêt commun[38] ». Il n'y voyait donc qu'une philosophie dégradée. Il pensait également que la sagesse philosophique avait été perdue plusieurs fois, puis redécouverte.

Ce que Platon et Aristote ont soutenu avec fermeté, c'est donc que le premier principe de toute chose est un être intelligent. En effet, ne serait-il pas absurde que le créateur de l'ensemble de la nature soit lui-même dépourvu de ce qui distingue l'homme de l'animal ? De même, l'ordre et l'extraordinaire complexité de l'univers ne peuvent visiblement résulter que de l'action d'une intelligence suprême : il est impensable que le chaos puisse, de lui-même, engendrer de l'ordre.

De plus, est-il vraiment nécessaire de souligner que Dieu doit être immatériel ? Toute intelligence est nécessairement immatérielle puisque son objet de connaissance, les idées abstraites, est lui-même immatériel. Au contraire, la matière est essentiellement principe de limitation et de corruptibilité, ce qui est incompatible avec la nature de Dieu. Dieu exerce donc toutes les activités propres à la vie de l'intelligence, comme l'explique Aristote, entre autres, dans les passages auxquels je me suis référé.

Cependant, en ce qui concerne les rapports entre Dieu et les humains, les Grecs n'ont guère fait plus que d'affirmer que Dieu ne se désintéresse pas du sort de ces derniers[39]. Nous devons sûrement à notre héritage judaïque l'idée d'une «alliance» entre Dieu et les hommes. Le Dieu-amour du Nouveau Testament ne vient pas des Grecs, même si l'idée du *Logos* (le verbe, la raison), qui constitue le thème du prologue de l'Évangile selon saint Jean, leur a visiblement été empruntée: «Au commencement était le Verbe et le Verbe était avec Dieu et le Verbe était Dieu[40].»

Le Dieu d'Aristote est un intellect pur, parce que cette faculté de connaissance est, pour ce philosophe, le sommet de la perfection humaine. Il se trouve en effet que la Grèce antique était résolument patriarcale et grande admiratrice du *Logos* (la raison et le discours), tandis que l'*Éros* féminin (la capacité de relation entre humains) ne figurait pas au sommet des divinités de l'Olympe.

Dans l'entourage de Socrate et de Platon, il n'y avait pas beaucoup de femmes. Malgré tout, quand Platon voulut prononcer son plus célèbre discours sur la nature d'Amour (*Éros*), dans *Le Banquet*, c'est par la bouche d'une femme, la prêtresse Diotime de Mantinée, qu'il l'adressa à ses disciples. Cette « étrangère » expliqua à Socrate que l'objet propre de l'amour, c'est la beauté et que toutes les beautés terrestres ne sont que des marches pour accéder à la contemplation de la Beauté absolue, qui seule peut assouvir le désir d'éternité de l'homme[41].

Cette vision s'accorde parfaitement avec les considérations que j'ai exposées plus haut au sujet de l'existence et de la nature de Dieu. Je disais que Dieu est nécessaire pour comprendre toute réalité: il est le fondement et la source première de l'être. Or il ne pourrait pas répandre dans l'univers ce qu'il ne posséderait pas déjà au plus haut niveau d'excellence. En conséquence, Dieu concentre en lui-même la plénitude de toute beauté et de toute bonté. Quand nous contemplons, c'est sa beauté que nous poursuivons à travers les reflets que nous en apercevons chez les êtres qui nous entourent. C'est ce qui fait que l'amour est le signe par excellence de la présence du divin dans la création.

Pourtant, ces vérités profondes, que Platon a apprises de Socrate et nous a si admirablement transmises, laissent dans l'ombre un aspect encore plus important de la nature de Dieu, aspect qui constitue un des fondements de la tradition judéo-chrétienne: s'il est vrai que Dieu représente l'Être le plus désirable qui soit, il est encore plus vrai qu'il est animé d'un amour inconditionnel pour tout ce qui existe.

Dieu n'est pas seulement le grand aimable, il est aussi et surtout le grand amoureux.

Il serait en effet déraisonnable que Dieu ait déployé une telle créativité pour amener à l'existence notre univers et chacun des êtres particuliers qui le composent, s'il n'était animé de la plus pure motivation amoureuse. Même nous, créatures si imparfaites et si naturellement égoïstes, éprouvons un attachement irrésistible envers les enfants que nous engendrons. Nous les désirons avant même leur naissance, puis nous sommes prêts à donner nos vies pour les protéger. Pourtant, nous ne les avons pas vraiment créés : nous les avons seulement reçus de la part de Dieu.

Dieu est absolument autosuffisant et n'avait aucun besoin de se compléter par la création. Mais il est, par sa nature même, débordant d'être et il lui est naturel de vouloir répandre sa beauté et sa bonté, comme il est naturel au soleil de diffuser sa lumière et sa chaleur à tous les êtres de la terre. Chacun profite de la générosité divine aussi pleinement que s'il était seul au monde, et chaque individu bénéficie des rayons du soleil comme s'il était seul à en être réchauffé. Comme disaient les philosophes médiévaux, *bonum est diffusivum sui* : le bien tend à se répandre.

D'ailleurs, même chez les humains, il est facile d'observer combien les personnes qui débordent de vitalité et de créativité sont animées du désir irrésistible de répandre généreusement leur bonheur autour d'elles. Le bonheur est communicatif.

Ce qui précède me permet de diviser l'amour en trois espèces. La première serait celle qui résulte d'une déficience : cet amour s'appelle « *désir* ». L'objet aimé est alors recherché parce qu'il apporte un bien qui vient combler un besoin. C'est l'amour que Diotime décrit à Socrate quand elle lui enseigne qu'Éros est fils de « Pauvreté » – le manque – et d'« Expédient » – ce qui comble ce manque.

La deuxième espèce serait le *contentement de soi*, lequel résulte de la satisfaction éprouvée par la conscience de sa propre valeur et de sa richesse intérieure. C'est le bonheur que l'on éprouve à se sentir aimable, vivant et plein d'énergie. Tel est le genre d'amour qu'Aristote attribue à Dieu, le vivant par excellence.

Enfin, la troisième espèce consisterait dans la joie de répandre autour de soi la surabondance du bien que l'on possède : la *générosité* ou *charité* (*agapè*, en grec). Cette dernière espèce d'amour est celle que la tradition judéo-chrétienne a attribuée au Dieu biblique.

Cet élan du créateur vers la créature est purement gratuit. Contrairement à ce que soutenait Spinoza[42], il ne tire son origine ni d'une nécessité ni d'un besoin de la nature divine, mais plutôt d'une décision parfaitement libre. On ne doit pas concevoir l'action divine comme une causalité naturelle qui pourrait ressembler à la fécondité que l'on observe chez tous les êtres vivants, poussés par un puissant instinct à répandre la vie autour d'eux. Au contraire, le Dieu de la Bible, puis de la tradition chrétienne, est une *personne* et tout son agir revêt le caractère d'une décision personnelle. Le fait que cette doctrine ait une origine religieuse n'empêche nullement qu'elle doive être reprise d'un point de vue purement philosophique.

Les dieux grecs ont aussi l'air d'être des personnes, bien qu'ils ne soient que des personnages : Zeus, Athéna, Apollon, Dionysos, Aphrodite, Éros, etc. On devrait dire d'eux qu'ils sont des *personnifications* de pouvoirs, de pensées, d'actions ou de passions humaines. Il s'agit là de figures sans aucune épaisseur psychologique, sans vie intérieure. Tout ce que l'on sait d'eux, c'est ce qu'ils symbolisaient et les gestes d'éclat qu'ils ont accomplis. Par exemple, Zeus était le maître du tonnerre ; sa fille Athéna, née en sortant de la tête de son père Zeus, symbolisait la sagesse ; Apollon, la beauté et la connaissance ; Dionysos, l'ivresse et le délire ; Éros, l'amour ; Arès, la colère.

Contrairement aux divinités de l'Olympe, le Dieu qu'Aristote décrit dans sa *Métaphysique* a, en quelque sorte, une vie psychique personnelle. Il n'est pas vide, mais déborde de vitalité et d'intelligence. Cependant, il apparaît plutôt replié sur lui-même. Ce Dieu n'est évidemment pas un être de relation. On n'est même pas certain qu'il mette le monde en mouvement autrement qu'en étant le bien suprême qui attire toutes choses vers lui.

Parler de Dieu comme d'une personne peut cependant soulever un problème dans un exposé qui se veut métaphysique. Ne s'agit-il pas là d'un malencontreux anthropomorphisme ? Ne suis-je pas en train d'attribuer à Dieu un caractère purement humain ?

Il est vrai que nous ne pouvons imaginer Dieu autrement que sous les traits de la personne humaine, la seule dont nous faisons directement l'expérience. Cela ne veut cependant pas dire que la notion de personne comporte nécessairement en soi les limitations propres à l'être humain. Cette notion ne fait que signifier l'éminente dignité d'un être autonome, capable de penser et de vouloir. Or, cette dignité, Dieu la possède de la façon la plus excellente qui soit. Ce n'est d'ailleurs que parce que nous sommes faits à son image que nous jouissons du statut d'êtres autonomes, libres et responsables, donc de personnes.

En conséquence, si Dieu est une personne, il éprouve envers nous une affection et une tendresse absolument personnelles. Il a souci de nous comme nous avons souci de nos enfants, et cela, évidemment, avec une qualité inimaginable de présence, d'attention et de désintéressement, car, en Dieu, tout est infini.

CHAPITRE 9

Rencontrer l'Autre

Dieu habite au plus intime de la nature humaine, telle est la conclusion à laquelle m'a conduit ma réflexion philosophique. Mais cette présence active de Dieu au sein de notre être le plus profond n'est qu'une vérité métaphysique, une notion abstraite qu'il est bien difficile de ressentir comme un fait vraiment réel et actuel. Nous avons probablement tous une vague intuition de notre dépendance fondamentale à l'égard Dieu, mais de là à faire l'expérience personnelle de ce fait et à en tirer les conséquences pour notre vie concrète, il y a un bon bout de chemin à franchir.

En fait, pour la plupart d'entre nous, et surtout dans le premier versant de la vie, l'attention est davantage retenue par des préoccupations terre à terre, dont certaines nous donnent d'ailleurs déjà passablement de fil à retordre : passer de l'enfance à l'âge adulte, se bâtir une carrière, une vie amoureuse, une famille, etc. De même, l'écologie, les guerres, les famines, la mondialisation effrénée, que d'immenses problèmes dont la solution ne peut plus être retardée! Alors, pour ce qui est du commerce avec Dieu, plusieurs ont tendance à remettre cela à plus tard, peut-être seulement quand le spectre de la mort se profilera à l'horizon.

Bien plus, un peu partout dans le monde, des extrémistes font du grabuge et n'hésitent pas à sacrifier des vies humaines pour défendre les intérêts de leur Dieu. Alors ne serait-il pas plus urgent de restaurer une certaine rationalité et un brin d'humanisme que de répandre la nouvelle voulant que Dieu s'occupe sérieusement de tous les hommes ? N'avons-nous donc pas de très bonnes raisons de perpétuer notre indifférence à l'endroit des questions ultimes ?

L'effondrement des croyances traditionnelles en a plongé plusieurs dans un état de profonde confusion et d'incertitude sur le sens de la vie et la signification du monde. Nietzsche avait raison de clamer l'énormité de ce bouleversement qui a secoué l'Occident comme un puissant tsunami. Tout athée qu'il était, il n'a pas hésité à donner la parole à son personnage de l'« insensé », qui tente de réveiller l'indifférence des badauds qui ne s'inquiètent pas de la disparition de Dieu :

> Où est allé Dieu ? s'écria-t-il, je vais vous le dire. Nous l'avons tué,... vous et moi ! C'est nous, nous tous, qui sommes ses assassins ! Mais comment avons-nous fait

> cela ? Comment avons-nous pu vider la mer ? Qui nous a donné une éponge pour effacer tout l'horizon ? Qu'avons-nous fait quand nous avons détaché la chaîne qui liait cette terre au Soleil ? Où va-t-elle maintenant ? Où allons-nous nous-mêmes ? Loin de tous les Soleils ? Ne tombons-nous pas sans cesse ? En avant, en arrière, de côté, de tous les côtés ? N'allons-nous pas errant comme par un néant infini ? Ne sentons-nous pas le souffle du vide sur notre face ? Ne fait-il pas plus froid ? Ne vient-il pas toujours des nuits, de plus en plus de nuits[43] ?

Ce vide senti par Nietzsche, nous le pressentons sûrement, mais en sommes-nous pleinement conscients ? L'éclipse de nos symboles religieux a été si graduelle et si imperceptible ! Le soleil s'est couché si doucement que personne ne semble s'apercevoir qu'une nuit épaisse nous enveloppe maintenant !

Il ne faut cependant pas croire que le Dieu réel vivant à l'intérieur de tout un chacun a péri par la même occasion. Simplement il s'est, en quelque sorte, retiré dans le plus lointain des cieux. Plus justement, il est devenu « oisif », un peu comme le pensaient certaines tribus africaines au sujet du grand Dieu céleste créateur, devenu inaccessible aux humains[44]. Il siège maintenant dans les tréfonds de l'inconscient. Il semble mort, mais on devrait plutôt dire que nous l'avons enfermé dans la prison de notre oubli.

S'il est devenu difficile de se sentir en communion avec le fondement ultime de l'être, ce n'est sans doute pas parce que ce besoin n'existe plus, c'est plutôt, je crois, parce qu'on n'arrive plus à mettre un visage sur ce mystère. Les anciens avaient édifié des systèmes mythologiques complexes qui pouvaient matérialiser leur quête de sens. Ces récits merveilleux habillaient d'images vivantes leurs intuitions les plus obscures et servaient de remède pour apaiser leur angoisse existentielle. Malheureusement, les anciennes figures sacrées se dérobent maintenant à notre vue : le voile du rationalisme, du scientisme et de la technicité nous les rend inaccessibles. Elles sont devenues irrecevables devant le tribunal de la raison. Il s'ensuit que nous ne savons plus quelle figure visible nous allons pouvoir donner à notre besoin radical de sens.

Nous n'avons plus d'image de Dieu.

Les représentations que les Anciens se sont faites de Dieu et de ses rapports avec la créature ont toujours été le reflet de ce qu'ils percevaient d'eux-mêmes et de l'idéal auquel ils aspiraient. Quand la majesté royale représentait le summum de l'accomplissement humain, Dieu a été vénéré comme le roi des rois. De la même façon, on a connu, à travers les âges, toutes sortes de dieux et toutes sortes de noms donnés aux mêmes dieux : le Dieu des armées, le juge suprême, la sagesse éternelle, l'intellect pur, la beauté absolue, le sauveur de l'humanité, etc.

Mais alors, quelle pourrait être la conception de Dieu qui conviendrait au niveau de conscience que nous avons atteint en Occident, en ce début du troisième millénaire ?

Nous avons hérité du christianisme un idéal moral qui a permis à notre civilisation d'arriver à professer un humanisme d'une grande exigence. Les chartes des droits et des libertés, notamment, en témoignent de façon éloquente. Cependant, nous devons maintenant franchir une nouvelle étape. Nous avons récemment quitté un siècle qui a été témoin d'avancées spectaculaires dans l'exploration du psychisme humain. Avec Freud, la psychologie des profondeurs nous a révélé comment, derrière la façade de notre conscience, se déploie un territoire immense que nous devons conquérir, si nous voulons vraiment devenir nous-mêmes. Nous savons désormais que se cache en nous un *étranger*, l'inconscient, qu'il faut découvrir et apprivoiser.

Nous nous sommes libérés des contraintes que nous imposaient les conventions politiques, culturelles et religieuses. Bien des Occidentaux ne peuvent plus supporter aucune figure d'autorité institutionnelle, mais cette liberté ne peut être qu'extérieure pour celui qui n'a pas débusqué les motivations secrètes de ses propres agissements. On peut être parfaitement libre de tout maître extérieur et demeurer esclave de soi-même.

Le « connais-toi toi-même » de Socrate prend, de nos jours, une signification autrement engageante que chez les anciens Grecs : devenir capable de s'intérioriser, c'est-à-dire de tourner son regard vers soi-même plutôt que d'aller chercher chez les autres la cause de ses propres malheurs. C'est un exercice périlleux que d'affronter ses démons intérieurs: angoisses, colères, frustrations, sentiments d'abandon et de rejet. Il faut parfois déterrer le souvenir douloureux d'expériences enfantines traumatisantes. Tout ce bagage, nous savons maintenant qu'il nous appartient et que nous devons le reconnaître, si nous voulons devenir vraiment maîtres de nos vies.

La psychologie moderne a mis en lumière un mécanisme fondamental de la psyché humaine: la *projection*. Nous savons maintenant que notre perception des autres peut être gravement déformée par nos propres états d'âme. Ce qui nous habite et dont nous sommes inconscients, nous l'attribuons à autrui avec la plus grande facilité. Il est d'ailleurs très humiliant de découvrir que la «paille» dans l'œil d'autrui nous cache la «poutre» qui est dans le nôtre.

Tel est notre nouvel idéal d'accomplissement personnel: avoir le courage de nous regarder bien en face. Et plus nous sommes intimes avec nous-mêmes, plus nous sommes authentiques, plus nous recherchons l'intimité avec les personnes qui partagent notre existence. Cette attitude typiquement moderne révèle que nous avons atteint un degré avancé de développement de notre conscience personnelle. Le rapprochement avec autrui découle directement de la proximité dans laquelle chacun veut vivre avec soi-même.

Nous ne nous reconnaissons presque plus dans aucune des appartenances collectives qui définissaient jadis notre identité. Je ne dis pas que personne ne veuille plus militer pour quoi que ce soit. Au contraire, les causes à défendre sont plus nombreuses que jamais. Et cela est d'autant plus vrai que nous devenons empathiques aux souffrances morales des autres : l'acceptation de soi-même entraîne la compassion envers autrui. Chaque individu se sent personnellement responsable de son propre accomplissement et ne s'en remet plus à une organisation extérieure pour donner un sens à sa vie. C'est ce qui fait qu'il se sent de plus en plus responsable des autres humains. Plus on cherche à découvrir ses potentialités, à se réaliser, à évoluer, à devenir plus pleinement soi-même, plus on est près de l'autre et on veut son bonheur.

Quand on recule dans l'histoire de l'humanité, on observe que la recherche de la perfection était dépendante de l'observance de multiples règles et tabous, qui étaient imposés à l'individu par la collectivité. Ces prescriptions avaient un caractère sacré qui rendait leur transgression sacrilège et passible de graves sanctions. Quant aux lois morales, elles relevaient plus du code d'honneur que de la sensibilité à la valeur inaliénable de la personne humaine. D'où, par exemple, la pratique de la vendetta pour toute offense à la famille ou au clan, ce qui justifiait des représailles pouvant aller jusqu'au meurtre. La honte d'avoir perdu son honneur entraînait alors la réprobation de la communauté.

On ne ressentait pas vraiment de culpabilité, laquelle résulte du jugement de la conscience personnelle. La honte, c'est bien autre chose que la culpabilité.

Ce qu'il y a de nouveau dans le sens moral actuel, c'est que le sentiment de culpabilité est de plus en plus induit par le fait de se percevoir comme divisé de soi-même, en contradiction avec sa voix intérieure plutôt qu'avec des règles imposées par la société. Nous déléguons de moins en moins à des personnes en autorité la tâche de déterminer les valeurs qui guideront nos vies. La collectivité a, par le passé, assumé la responsabilité de définir le bien et le mal. Or ce bien et ce mal se ramenaient habituellement à ce qui était jugé favorable ou nuisible pour la survie de cette même collectivité. Pour ce qui est de l'épanouissement des individus, on ne s'en souciait guère. On peut d'ailleurs encore observer, dans les sociétés plus conservatrices, qu'on n'hésite pas à sacrifier la vie des individus pour faire triompher les idéaux de la collectivité.

Par conséquent, le niveau auquel est parvenue la conscience moderne appelle une nouvelle image de Dieu.

D'abord, il faudra que Dieu soit présenté comme quelqu'un avec qui nous pouvons établir un rapport absolument personnel et individuel. Dieu ne sera plus l'emblème ou la bannière d'une tradition ou d'un peuple qui se prétend élu par lui. Dieu ne sera plus la propriété d'aucune institution qui se croit mandatée pour gérer l'accès de son royaume. Cela ne signifie pas que les humains n'auront plus besoin de partager leurs idéaux et de se soutenir les uns les autres dans leur quête de vérité. Si telle était ma conception de l'évolution spirituelle, je n'aurais pas dépensé autant d'énergie à communiquer mes convictions sur la vie et sur Dieu. Mais quelles seront les formes futures de cette communion des esprits et des cœurs ?

Dieu est devenu une Présence qui accompagne chacun de nous dans la plus stricte intimité. De plus, cette présence sera essentiellement amoureuse, parce que la seule motivation que l'on peut raisonnablement reconnaître à Dieu dans son geste créateur est l'amour de la créature. En retour, la réponse naturelle de l'homme au don divin de l'existence ne peut, non plus, être autre que l'amour. Je pense qu'il n'est plus vrai de dire que la crainte de Dieu est le commencement de la sagesse. Dieu n'est ni épouvantail ni croque-mitaine !

Mais comment arriver à aimer un Dieu invisible, un Dieu qui se drape dans le mystère le plus opaque ? Eh bien, l'apôtre Jean avait déjà répondu à cette question :

> Si quelqu'un dit : « J'aime Dieu » et qu'il déteste son frère, c'est un menteur : celui qui n'aime pas son frère, qu'il voit, ne saurait aimer le Dieu qu'il ne voit pas[45].

D'ailleurs l'amour de son semblable constituait l'essentiel de l'enseignement évangélique.

Donc, pour nous Occidentaux, il n'y a pas réellement rupture entre le présent et le passé. Même si nous ne sommes plus d'accord avec le détail de nos anciennes croyances, il faut bien reconnaître que le christianisme essentiel est toujours là, car c'est lui qui a modelé notre civilisation. Si nous n'avions gardé que le précepte de l'amour et que nous voulions en faire le pivot de notre humanisme, nous serions encore fidèles à nos origines. L'accent mis aujourd'hui sur la solidarité universelle n'est en somme que l'aboutissement et le couronnement de l'immense effort de civilisation qu'a été le christianisme.

C'est pourquoi je dis que l'amour humain est devenu aujourd'hui le symbole le plus capable de nous mettre en relation avec Dieu. C'est pourquoi aussi ce symbole a éclipsé tous les autres.

L'Autre humain que je côtoie est devenu pour moi la nouvelle face de Dieu.

De nos jours, une personne qui a réussi à mener une relation amoureuse jusqu'à un degré avancé d'engagement et d'intimité peut se sentir habitée par un immense sentiment de sérénité, assimilable à ce que les anciens croyants éprouvaient dans leur communion avec la divinité. De même en est-il pour les personnes qui sont remplies de compassion pour leurs semblables et consacrent leur vie à tenter d'alléger leurs souffrances. C'est pourquoi elles sont perçues comme des héros et traitées avec un si grand respect.

Aujourd'hui, nous ne mesurons plus la valeur de quelqu'un à l'ardeur de ses croyances ni au prestige intellectuel de ses idées. Ce qui nous importe, c'est la sincérité et la générosité de son engagement envers les personnes. C'est pourquoi d'ailleurs, quand je tente de partager ce que j'ai compris sur le sens de la vie, ce n'est pas pour propager une idéologie nouvelle, mais pour apporter de l'espoir et du réconfort à ceux qui cherchent à comprendre cette vie, qui a si souvent les apparences d'un tissu d'absurdités. Si je cherche à démontrer ce qui me semble vrai sur Dieu, c'est parce que la vérité fait partie des biens dont les hommes ont le plus grand besoin, beaucoup plus que de tout ce qui est matériel.

La transformation de la conscience occidentale que je viens de décrire permet de comprendre l'indifférence actuelle à l'endroit de tout ce qui ressemble à un dogme. J'ai l'impression que les gens les plus avancés sur le plan spirituel se soucient peu du caractère religieux de leurs engagements de vie. Leur rencontre des autres humains est si empreinte de sacralité qu'ils jouissent du même enthousiasme que s'ils avaient rencontré Dieu lui-même. Et, de fait, ils ont, sans le savoir, rencontré Dieu. Il me semble y en avoir beaucoup parmi nous qui partagent ces valeurs et c'est un motif important d'espérance pour l'avenir de l'humanité.

CHAPITRE 10

La question du mal

Comment un Dieu soi-disant si bon et si aimant a-t-il pu créer un monde déchiré par tant de malheurs et de souffrances ? Voilà une question qui en scandalise plusieurs, qui, autrement, seraient peut-être heureux de croire en Dieu. Peut-on, à la vue de tous les maux qui affligent l'humanité, admettre que Dieu soit un grand amoureux et qu'il se soucie affectueusement de nous ? N'a-t-on pas plutôt l'impression qu'il est complètement insensible à nos malheurs, comme à ceux de millions d'enfants qui meurent de faim, pour ne prendre que cet exemple ?

Le problème du mal est vieux comme le monde et on peut presque dire que toutes les explications ont été envisagées depuis la nuit des temps. Les mythologies les plus diverses fourmillent de batailles épiques entre dieux bons et démons méchants, les premiers finissant toujours par avoir le dessus sur les seconds. De même, on a inventé des systèmes métaphysiques, le manichéisme étant le plus connu, où s'affrontent les principes cosmiques du bien et du mal, de la lumière et des ténèbres, de l'esprit et de la matière, de la vie et de la mort.

Et que dire de l'opposition entre le Christ et Satan, laquelle devrait, si l'on en croit l'Apocalypse, être résolue à la fin des temps par la victoire définitive du Fils de Dieu ?

> Les mille ans écoulés, Satan, relâché de sa prison, s'en ira séduire les nations des quatre coins de la terre, Gog et Magog, et les rassembler pour la guerre, aussi nombreux que le sable de la mer ; ils montèrent sur toute l'étendue du pays, puis ils investirent le camp des saints, la Citée bien-aimée. Mais un feu descendit du ciel et les dévora. Alors, le diable, leur séducteur, fut jeté dans l'étang de feu et de soufre, y rejoignant la Bête et le faux prophète, et leur supplice durera jour et nuit, pour les siècles des siècles[46].

Il n'est pas nécessaire de multiplier les exemples de mythologie, de métaphysique et de théologie dualiste pour illustrer l'universalité de cette structure de la psyché humaine. Les animaux sont, eux aussi, organisés instinctivement pour rechercher ce qui est bon pour eux et fuir le contraire: le loup est le Diable de l'agneau, l'herbe tendre, son bon Dieu. Mais qu'en est-il du monde en soi? Est-il vraiment divisé en lions, qui dévorent, et en antilopes, qui se font bouffer, en persécuteurs et persécutés, en riches et pauvres, en voleurs et volés, en bien-portants et malades, en bons et méchants, en élus et damnés et, en fin de compte, en bienheureux et malheureux ?

Certes, comme il en est pour l'instinct des animaux, nous avons absolument besoin des repères que sont le bien et le mal pour assurer notre survie personnelle et celle de notre espèce. La distinction entre le bien et le mal est évidemment essentielle pour assurer notre orientation morale. C'est d'ailleurs pourquoi toutes les religions et toutes les philosophies ont élaboré des codes éthiques prescrivant de faire l'un et d'éviter l'autre. Donc, loin de moi l'idée de minimiser ou de relativiser ces principes, qui sont les piliers de la vie en société et de l'épanouissement des individus.

Cependant, quand on descend de la sphère des principes pour s'adonner à l'observation de la réalité quotidienne, on s'aperçoit rapidement que les choses sont beaucoup plus nuancées que ne le souhaiteraient nos catégories morales abstraites. Par exemple, comment concilier les divers systèmes de valeurs qui opposent l'Orient et l'Occident, notamment en ce qui concerne le statut social de la femme ? Et que dire de Jésus qui se permettait d'émettre des jugements assez peu orthodoxes à l'endroit des codes moraux en vigueur à l'époque : « [...] En vérité je vous le dis, les publicains et les prostituées arrivent avant vous au Royaume de Dieu[47] » ?

En fait, si l'on excepte un certain nombre de valeurs fondamentales universellement reconnues, un minimum d'expérience de vie nous amène rapidement à la conclusion qu'il est absolument impossible de prétendre détenir la norme morale absolue ni de pouvoir juger de la bonté ou de la malice de qui que ce soit. Bien plus, on ne peut même pas se juger soi-même, comme l'écrivait saint Paul[48]. Qui peut prétendre sonder les reins et les cœurs et séparer les élus des damnés ? Évidemment cela ne veut pas dire que la société ne doit pas faire des lois et administrer la justice dans le but de se protéger elle-même et ses citoyens contre la menace de la criminalité.

Traditionnellement, lorsqu'on étudiait ces questions, on divisait le mal en deux catégories : le mal naturel et le mal moral. Le premier était constitué par l'ensemble des dommages qui affectent les êtres vivants, soit dans leur corps (infirmités, blessures, maladies, agressions, destructions, etc.), soit dans leurs émotions (peur, angoisse, tristesse, désespoir, etc.). Le second concernait exclusivement l'être humain dans les dispositions de sa volonté : la perversion, le vice, l'endurcissement du cœur, en somme, tout ce qui était considéré comme *péché* ou engendrant le *péché*. Cette distinction était extrêmement importante au Moyen-Âge, parce que le mal moral risquait de conduire à la « damnation éternelle ». Il fallait donc lui accorder un traitement privilégié. Comment, en effet, rendre admissible qu'un Dieu infiniment bon puisse tout de même prédestiner certains êtres au supplice éternel ?

Il est clair que cette perspective ahurissante posait un problème quasi insurmontable aux théologiens chrétiens. Maintenant que cette vision plutôt mythologique a été reléguée au musée des horreurs du passé, on n'est plus obligé de tracer une telle frontière entre ces catégories. On peut maintenant arriver à concevoir que, naturel ou moral, le mal puisse être voulu par Dieu sans que cela implique la moindre cruauté de sa part, car le mal est inévitable et absolument nécessaire dans la création pour que puisse exister le bien.

Aborder la question du mal comme on le faisait au Moyen-Âge nous amène à n'y voir qu'un simple non-être, c'est-à-dire une privation de bien. Les théologiens de l'époque pensaient que toute créature était essentiellement bonne, mais comportait nécessairement des limites, des imperfections, des manques. Ces manques, voilà ce qui constituait le mal. Je suis parfaitement d'accord avec cette position. Il n'en demeure pas moins que certains manques peuvent être extrêmement pénibles : par exemple, la cécité. Alors à quoi bon essayer de minimiser l'importance du mal en le qualifiant de simple *privation de bien* ?

Ces spéculations avaient pour but de concilier la bonté de Dieu avec l'existence du péché. Dieu ne pouvait avoir voulu le péché, qui était conçu comme une offense envers lui. Alors on disait : Dieu n'est cause que de ce qui est bon dans une action ; pour ce qui est du mal, il ne fait que le permettre. Pourtant, à mon sens, permettre le mal qu'on pourrait empêcher ne me semble pas le signe d'une très grande bonté. Par conséquent, pourquoi ne pas reconnaître que Dieu a voulu le mal comme le bien, les deux étant essentiels à la création ? Il ne pouvait tout de même pas créer un monde sans défauts et sans limites : il aurait accouché d'un autre dieu qui aurait été son égal, ce qui est absurde. Le cycle incessant des générations et des destructions, avec toutes les douleurs qui en résultent pour les créatures, constitue l'essence même de notre univers matériel. Les hindous ont bien compris cette fatalité et ils l'ont signifiée en attribuant la destruction et la régénération à une divinité spécifique, Shiva.

Je pense que le problème apparaît dans ses véritables proportions quand on aborde les choses par rapport au bonheur ou au malheur humains, plutôt que dans une perspective cosmique. Quelle importance peuvent bien avoir les présumés biens ou maux qui arrivent à l'univers sinon qu'il pourrait en résulter pour nous, humains, du bonheur ou du malheur ? Si, par exemple, les problèmes écologiques nous préoccupent tant, n'est-ce pas simplement à cause de leurs conséquences fâcheuses pour la survie et le bien-être de notre espèce ? Les maux physiques, ceux de la nature et les nôtres propres, prennent donc de l'importance à nos yeux surtout parce qu'ils entraînent en bout de ligne des souffrances psychiques : ils risquent de nous rendre *malheureux*.

Mais surgit alors un obstacle de taille pour notre réflexion : est-il vraiment possible de jauger la quantité de bonheur ou de malheur qui échoit à chacun ? Comment évaluer la variation de la perception de la souffrance d'un individu à un autre ? Y a-t-il plus de désespoir chez ceux qui sont pauvres et malades que chez les riches et bien-portants ? Y a-t-il plus de suicides dans le tiers-monde que dans les pays développés ? Je suis, quant à moi, toujours étonné par l'évidente bonne humeur qu'affichent habituellement ceux qu'on nous présente dans les médias comme les plus déshérités de la planète. Nos Occidentaux riches et repus ne traînent-ils pas parfois les mines les plus désespérées qui soient ?

Par ailleurs, nous sommes absolument tous égaux devant la mort, laquelle est le mal suprême. Peut-on vraiment parler de mort douce, qui serait le privilège de quelques heureux élus ? Certains films, notamment *La dernière marche*, de Tim Robbins (1996), décrivent avec un réalisme poignant l'angoisse insupportable d'un condamné comme il y en a des centaines dans les couloirs de la mort aux États-Unis. Mais, partout dans le monde, les milliers de cancéreux en phase terminale, qui n'ont vraisemblablement commis aucun crime méritant la mort, connaissent-ils un sort plus enviable ? Pour tous les humains, la fin de la vie est un événement tragique.

Dieu a créé un monde tragique, alors que nous souhaiterions quelque chose de plus doux, de plus facile, de plus gentil. Pourtant, l'histoire des gens heureux ne nous intéresse guère. Depuis les temps les plus anciens nous n'en avons que pour les tragédies ! Nos journaux et nos bulletins de nouvelles s'intéressent avant tout aux catastrophes. Il semble donc que les humains ne se passionnent que pour les héros qui vivent dangereusement. Cela en dit long sur notre nature profonde. Notre position équivoque, ballottés que nous sommes entre l'être et le néant, entre la vie et la mort, n'est-elle pas inexorablement tragique ?

J'ai quant à moi le pressentiment que Dieu nous destine tous à un avenir grandiose et que nous ne pouvons y être préparés autrement que par une évolution difficile, qui nous rebute au plus haut point. Ne serait-ce pas la signification du symbole de la mort et de la résurrection du Christ ? De même, nombre de mythes racontent le sort à première vue peu enviable de héros qui, comme le Jonas de la Bible, ont été avalés par des monstres avant d'être recrachés rajeunis et renouvelés : la mort qui mène à la vie.

> Nous n'avons, écrivait R. M. Rilke au jeune poète, aucune raison de nous méfier du monde, car il ne nous est pas contraire. S'il y a des frayeurs, ce sont *les nôtres* : s'il y a des abîmes, ce sont nos abîmes ; s'il y a des dangers, nous devons nous efforcer de les aimer. Si nous construisons notre vie sur ce principe qu'il nous faut toujours aller au plus difficile, alors tout ce qui nous paraît encore aujourd'hui étranger nous

> deviendra familier et fidèle. Comment oublier ces mythes antiques que l'on trouve au début de l'histoire de tous les peuples ; les mythes de ces dragons qui, à la minute suprême, se changent en princesses ? Tous les dragons de notre vie sont peut-être des princesses qui attendent de nous voir beaux et courageux. Toutes les choses terrifiantes ne sont peut-être que des choses sans secours, qui attendent que nous les secourions[49].

D'ailleurs, quand nous refusons d'aller au plus difficile, c'est immanquablement lui qui vient à nous. Ainsi, quand je jette un regard rétrospectif sur ma propre vie et sur celles des personnes qui m'entourent, je vois qu'elles ont été semées de joies et de peines, de plaisirs et de souffrances, comme c'est le cas pour l'ensemble de l'humanité. Mais, en ce qui me concerne, je dois surtout reconnaître que ce long cheminement m'a fourni et continue de me fournir d'abondantes occasions d'apprendre à mieux me connaître et à mieux vivre. L'existence se charge de faire mon éducation. Elle se comporte à mon endroit comme un maître implacable, extrêmement habile et tenace, capable de vaincre toutes les résistances que je tente de lui opposer. En conséquence, au soir de ma vie, je serai amené à ne plus voir les événements passés comme de bons ou mauvais coups du sort mais comme des occasions d'évoluer et de devenir plus heureux. À ce sujet, Aristote se posait la question suivant :

> […] si le bonheur est une chose qui peut s'apprendre, ou s'il s'acquiert par l'habitude ou quelque autre exercice, ou si enfin il nous échoit en partage par une certaine faveur divine ou même par le hasard […]. Il semble bien, en tout cas, même en admettant que le bonheur ne soit pas envoyé par les dieux, mais survient par l'effet de la vertu ou de quelque étude ou exercice, il fait partie des plus excellentes réalités divines : car ce qui constitue la récompense et la fin même de la vertu est de toute évidence un bien suprême, une chose divine et pleine de félicité […]. Au contraire, abandonner au jeu du hasard ce qu'il y a de plus grand et de plus noble serait une solution par trop discordante[50].

Aristote soutient donc une proposition extrêmement importante et que l'on a tendance à oublier quand on réfléchit à la quête du bonheur. Ce dernier ne nous arrive pas par l'effet du hasard ni du destin. Il consiste en une disposition de l'âme qui résulte essentiellement d'un libre choix et d'un patient exercice.

Vous avez pu sembler *contraint* par un événement extérieur, par exemple une maladie qui vous est tombée dessus de façon tout à fait imprévisible et vous a ouvert les yeux sur les choses essentielles. Cependant, vous aviez toujours la liberté de dire oui ou non à cette épreuve porteuse d'une précieuse révélation. Être heureux, ce n'est pas un privilège de quelques chanceux qui ont gagné à la loterie de la vie. C'est avoir appris à faire les bons choix.

La conscience elle-même d'avoir fait les bons choix constitue l'essence du bonheur.

Chacun a sa voix intérieure qui lui souffle à l'oreille la direction à prendre quand se présentent les multiples bifurcations à travers lesquelles doit serpenter le cours de son existence. Et il faut l'écouter, si discrète soit-elle, quand on veut être fier de soi et se sentir bien.

Aristote exprimait cette vérité à sa façon en définissant le bonheur comme « une activité de l'âme en accord avec la vertu, et, au cas d'une pluralité de vertus, en accord avec la plus excellente et la plus parfaite d'entre elles[51] ». Et qu'est-ce que la vertu sinon la capacité d'agir en conformité avec les exigences de notre humaine nature ? Il y a des attitudes et des agissements qui sont aptes à satisfaire les besoins et les inclinations naturelles de l'être humain, tandis que d'autres sont en contradiction avec eux. C'est ce que tous les moralistes ont voulu préciser en tentant de définir les différentes vertus qui font l'être humain accompli.

Prenons seulement un exemple : la vie en société est un des plus grands biens de l'Homme. Or le mensonge mine la confiance entre concitoyens ; il est donc nuisible pour la vie en société ; par conséquent, celui qui le pratique ne peut se sentir un bon citoyen et cela nuit à son bonheur. C'est pourquoi, d'ailleurs, on peut être assuré que les criminels de tout acabit, quels que soient leur statut social, leur pouvoir ou leur richesse, sont les plus malheureux des hommes et qu'ils n'ont nullement besoin de damnation éternelle, comme le supposé enfer d'autrefois, pour devoir subir les conséquences de leurs actes : ils vivent déjà leur enfer en cette vie. Toutefois, ils demeurent toujours libres de profiter de leur souffrance morale pour s'engager sur le chemin de la guérison, et certains ont le courage de le faire. On n'est pas nécessairement libre de sortir d'une prison physique, mais on est toujours libre de s'évader de la prison de la mauvaise conscience et de la culpabilité. Je me souviens de l'histoire de ce tortionnaire qui finit par se suicider parce qu'il ne pouvait plus vivre avec l'atroce souvenir du mal qu'il avait fait. Peut-être que ce sacrifice de sa propre vie a été pour lui le seul moyen d'arriver à retrouver sa dignité d'être humain.

Quand on s'indigne des agressions barbares dont surtout des femmes et des enfants sont encore couramment victimes, un peu partout dans le monde, on a pleinement raison d'être scandalisé. Il ne faut cependant pas oublier que la barbarie accompagne l'humanité depuis ses plus lointaines origines. Il m'apparaît assez clair que l'évolution de la conscience humaine ne pouvait faire autrement que de connaître ces débuts où nos ancêtres ressemblaient plus à des brutes qu'à des hommes. Dieu a créé un monde matériel et naturel qui obéit à des lois évolutives. L'individu naît dans un état embryonnaire et atteint sa pleine maturité lentement tout au long de sa vie. De même en a-t-il été pour l'ensemble de l'humanité, qui s'est élevée progressivement de la barbarie jusqu'à un certain degré de civilisation. Or il me semble que ce processus est loin d'être terminé, s'il doit l'être un jour. De plus, toutes les sociétés ne sont pas rendues au même point d'évolution. Bien plus, dans les sociétés apparemment les plus avancées, nombre d'individus continuent à afficher des comportements franchement barbares. Quant à ceux qui sont plus civilisés, ils abritent quand même tous, à des degrés divers, dans un quelconque recoin de leur inconscient, un petit barbare qui n'attend qu'une occasion de se montrer au grand jour. C'est ce que C. G. Jung appelait l' «ombre» que chacun porte en soi.

Évidemment, nous ne jouissons pas toujours aussi pleinement de la liberté de choix. Les conditionnements acquis par l'éducation limitent sérieusement le champ d'action du libre arbitre. Il en est de même pour les pressions extérieures, comme celles de l'entourage familial ou social, les facteurs physiques comme la maladie et la souffrance, les poussées instinctuelles ou les débordements émotionnels, etc. Cependant, dans la mesure où il y a un reste de liberté, chacun demeure responsable de ses choix et sera heureux ou malheureux en conséquence.

Lorsqu'il n'existe plus aucune marge de liberté, c'est signe que l'on a affaire à une sorte de handicap moral. Alors il ne peut plus être question de bonheur ou de malheur. Ainsi peut-on se demander si certains criminels dits endurcis sont vraiment libres de leurs actions et s'ils ont un contact suffisant avec la réalité pour éprouver une souffrance morale comme la culpabilité.

Par ailleurs, on ne peut pas, durant toute sa vie, faire toujours les bons choix. Qui n'a jamais cédé à la facilité, à la paresse, à l'attrait du plaisir, à la peur, à la cupidité ou à toute autre faiblesse humaine ? Mais je suis assuré qu'on paie toujours pour ses erreurs : elles entraînent des souffrances, qui peuvent toujours se changer en aiguillons pour nous réorienter vers une meilleure vie. Quand on parle de droit chemin, souvent on sous-entend « conduite qui méritera l'approbation sociale ». Pourtant la vérité est tout autre : quand on est bon, c'est premièrement et avant tout à soi-même qu'on fait du bien. Tant que la conscience est encore éveillée, il y a donc toujours moyen de décider de reprendre le chemin du bonheur. Et la vie nous fournit amplement l'occasion de réparer le mal que nous avons fait aux autres et surtout à nous-mêmes.

En somme, on est bien obligé d'admettre que tout humain, pour autant qu'il soit humain, a la possibilité de choisir, un jour ou l'autre, d'être heureux. Alors pourquoi rendre Dieu responsable de son bonheur ou de son malheur ? Pourquoi continuer à répéter que Dieu fait pleuvoir des calamités sur ses pauvres créatures et que, s'il était vraiment bon et tout-puissant, tout le monde pourrait être heureux sur cette terre ? Voilà, selon moi, une excellente façon de nous décharger de nos responsabilités vis-à-vis des malheurs que nous infligeons à nous-mêmes, à ceux qui nous entourent et, souvent, à d'autres humains que nous ne connaissons même pas.

Il est probable que Dieu aurait pu créer le monde tout autrement qu'il l'a fait. Dans la situation actuelle, il nous est rarement possible d'éviter la souffrance et beaucoup d'êtres innocents endurent d'affreux tourments. Il n'en est pas moins vrai que rien ne peut empêcher qui que ce soit d'être un bon humain, capable de tendresse et de compassion, et c'est là l'essentiel du bonheur. Selon moi, même les victimes des pires atrocités jouissent aussi de cette possibilité de transformer leurs expériences douloureuses en occasions d'évoluer. Les agresseurs peuvent entamer gravement l'intégrité physique et psychique de leurs victimes, mais ils ne peuvent détruire l'intégrité morale de quelqu'un qui n'y consent pas. Etty Hillesum a exprimé cela de façon aussi admirable qu'émouvante, dans l'enfer de son camp de concentration :

> Comment se fait-il que ce petit bout de lande enclos de barbelé, traversé de destinées et de souffrances humaines qui viennent s'y échouer en vagues successives, ait laissé dans ma mémoire une image presque suave ? Comment se fait-il que mon esprit, loin de s'y assombrir, y ait été comme éclairé et illuminé ? [...] Comment ferais-je pour décrire tout cela ? Pour faire sentir à d'autres comme la vie est belle, comme elle mérite d'être vécue et comme elle est juste – oui : juste[52].

À ce sujet, je suis toujours vivement impressionné par le courage de certaines personnes atteintes de maladies incurables et dont les jours sont comptés. Souvent leurs souffrances sont à peine supportables, mais leur regard demeure étonnamment illuminé : elles remercient leur maladie de leur avoir appris à apprécier pour la première fois les vraies valeurs de l'existence, comme l'amitié ou l'amour de ceux qui les entourent.

De même en est-il des personnes qui ont frôlé la mort de près : elles ne veulent gaspiller aucun des précieux instants de vie qui leur restent. Elles découvrent que notre univers est merveilleusement beau ; que les humains sont, pour l'immense majorité, bons et courageux et plutôt victimes de leur ignorance que remplis de malice.

J'ai également une grande admiration pour les personnes qui profitent de leurs handicaps pour relever des défis que la plupart des bien-portants n'oseraient même pas imaginer pour eux-mêmes. Telle paraplégique devient une championne olympique ; telle victime de malformations physiques devient un chanteur extrêmement populaire. Finalement, pourquoi ne pas imaginer que tel enfant, atteint d'un cancer incurable, puisse en arriver à se transformer et à transformer ses parents en héros qui affrontent la mort avec fierté ? Et comment ne pas être ému de ces parents qui acceptent courageusement la perte d'un enfant, puis en viennent à se sentir plus heureux et plus près de cet être cher que de son vivant ?

Le grand problème dans la question du mal, c'est que nous arrivons difficilement à devenir pleinement conscients de la vraie nature du bonheur. Nous sommes si facilement séduits par la pensée magique, qui voudrait que le bonheur nous soit donné comme un cadeau parfaitement gratuit ! En fin de compte, se dit-on, si Dieu est tout-puissant, pourquoi pas ? Or c'est là une idée qui implique en soi une contradiction. Notre nature d'êtres intelligents et capables de faire des choix libres interdit que nous puissions jouir de la félicité d'être des humains accomplis, à moins que cela ne soit un résultat dont nous sommes totalement *responsables*. Dieu ne peut imposer à personne d'être bon malgré lui ou sans lui. Comme le disait Aristote, le bonheur consiste essentiellement dans le fait d'agir selon la vertu, c'est-à-dire conformément aux exigences de la nature humaine. Donc on ne peut pas être heureux si l'on n'est pas devenu vertueux et si l'on n'est pas agissant. Or ces deux choses ne peuvent venir de personne d'autre que de soi-même.

En somme, devenons bons et nous aurons obligé Dieu à nous rendre heureux ! Car s'il est vrai que nous ne pouvons rien vouloir que Dieu ne veut pas déjà, il est, en retour, aussi vrai que Dieu ne peut en rien influencer notre volonté, si nous ne le voulons pas aussi nous-mêmes : ne demeurons-nous pas toujours libres de nos décisions ? Il est vrai que, comme le dit saint Paul, Dieu opère en nous le vouloir et le faire[53], mais non sans notre libre consentement.

En résumé, on peut conclure que le bonheur est le résultat d'un apprentissage et que Dieu n'avait pas le choix de nous amener à cet accomplissement sans nous faire passer par toutes les étapes, souvent laborieuses, qui y conduisent naturellement. Autrement, il se serait un peu comporté comme le père qui voudrait procurer à son enfant la fierté de la réussite sans devoir exiger de lui la peine de l'effort.

C'est pourquoi la création revêt à mes yeux une immense beauté, malgré toutes les imperfections et même les laideurs que j'y observe. C'est un don précieux que Dieu nous a fait que de nous créer tels que nous sommes, don qu'il renouvelle continuellement en nous accordant de choisir librement de devenir de bons amoureux, de bons parents, de bons enfants, des citoyens généreux et compatissants, enfin des personnalités pleinement accomplies.

Il est vrai que notre raison a de la difficulté à concevoir qu'un choix libre soit en même temps un don de Dieu, surtout si, comme certains philosophes, on a la prétention de discerner facilement les contradictions dont ce monde est tissé. Mais, si tel est le cas, on devrait pouvoir comprendre également que le nœud du problème tient au fait que nous ne pouvons en aucune façon imaginer ce que c'est que de « donner l'être » : un gouffre si infiniment profond sépare notre façon de créer de celle de Dieu ! Nous, nous ne pourrions exercer un contrôle infaillible sur des personnes ou des choses autrement qu'en leur faisant subir une certaine violence. C'est pourquoi, par exemple, les tribunaux ne reconnaissent aucune valeur aux aveux obtenus sous l'effet de la menace ou de la torture.

Nous ne pouvons pas non plus, par exemple, accélérer la croissance d'un arbre autrement qu'en le fertilisant et en l'arrosant. Toutes nos interventions, l'arbre ne fait que les subir passivement, tout en continuant à se développer selon des mécanismes naturels, qui nous échappent complètement. Pour ce qui est de sa croissance, c'est de lui qu'elle vient vraiment, pas de nous, mais en même temps, elle lui est aussi donnée par le grand pourvoyeur d'existence, qui intervient de l'intérieur sans exercer aucune violence. C'est cela le don de l'être.

Il n'en reste pas moins que le problème du mal constitue, j'en conviens, un obstacle de taille pour notre raison. Il est absolument impossible d'expliquer pourquoi tel individu particulier est obligé de subir telle souffrance, même si l'on est convaincu que Dieu ne peut infliger ce malheur de façon purement gratuite et que toute souffrance a un sens. Là nous sommes face à un mystère devant lequel nous n'avons pas d'autre choix que de nous incliner. Mais si nous refusons une telle vision des choses parce qu'elle est incompréhensible, nous sommes contraints de vivre avec l'idée, non seulement choquante mais totalement absurde, que l'ensemble de l'univers n'ait aucune raison d'être et que notre vie soit absolument dénuée de sens. À la triple question posée par Gauguin, dans un de ses derniers tableaux: « D'où venons-nous ? Que sommes-nous ? Où allons-nous ? », la réponse serait alors : Nous ne venons de nulle part. Nous n'allons nulle part. Par conséquent, nous ne savons pas vraiment qui nous sommes. Sont-ce là des perspectives vraiment plus satisfaisantes pour l'esprit que l'apparente contradiction entre l'action de Dieu, qui gouverne tout de façon souveraine, et la liberté humaine qui nous rend totalement responsables de nos vies ?

L'existence du mal est certes un mystère insondable, devant lequel la raison vacille et se révolte. Mais le scandale du mal qui afflige l'humanité est-il plus supportable sans Dieu qu'avec Dieu ? Est-il plus réconfortant pour l'esprit de concevoir l'humain comme un être broyé par les forces aveugles d'un univers sans âme et sans raison, que d'admettre qu'un dessein divin, qui certes dépasse notre compréhension, mène toutes choses vers un accomplissement que nous pouvons déjà pressentir ?

Nous avons le choix entre, d'une part, un destin non seulement tragique mais doublé d'une innommable absurdité et, d'autre part, un monde dont la souffrance peut être transcendée par la conscience de l'absolu, quel que soit le nom qu'on lui donne.

La position que je défends – à savoir que Dieu existe, qu'il a créé le monde et qu'il le gouverne jusque dans les moindres détails – ne me dispense en aucune façon de la lucidité qui s'impose à tout observateur qui se veut objectif. J'irais même jusqu'à dire que, en un sens, le postulat de Dieu ne change rien à l'univers en lui-même. Il y a certaines représentations anthropomorphiques de Dieu qui le dépeignent comme un artisan besogneux, très affairé à corriger les défauts d'une création qu'il aurait, en un premier temps, un peu bâclée. Venir à bout d'une pareille entreprise en si peu que six jours n'était pas une mince affaire ! Alors on s'imagine que, si Dieu existait, il devrait toujours être en train d'intervenir ici ou là : supprimer telle maladie, tel dictateur sanguinaire, telle guerre, tel génocide, telle sécheresse ; consolider les bases de la terre pour mettre fin à ses tremblements dévastateurs et à ses terribles tsunamis, etc.

Mais voilà qu'il n'en est rien. À mon regard de philosophe et de citoyen un peu informé de l'état de la science, le monde offre exactement la même apparence que si Dieu n'existait pas du tout, même s'il est en réalité totalement dépendant de Dieu. La création se déploie devant moi comme un vaste chantier, où mes semblables et moi-même avons tout à faire pour que les choses aillent de mieux en mieux. L'action de Dieu ne s'ajoute pas à la nôtre ni ne la remplace en aucune façon : elle s'exerce à travers nous, comme à travers les forces de la nature.

Nous ne sommes nullement des marionnettes ou des robots entre les mains d'un grand metteur en scène. La direction de l'entreprise nous appartient aussi véritablement que s'il n'y avait pas de patron. En fait, le patron c'est aussi nous, puisque Dieu opère à travers nous. Ce qui ne veut tout de même pas dire que nous soyons

Dieu par essence ni que le monde soit Dieu. Mais nous avons quelque chose de divin, puisque nous incarnons le projet de Dieu. Si nous n'existions pas, ses plus admirables inspirations croupiraient tout simplement dans les cartons des « possibles » qui ne verraient jamais le jour.

C'est pourquoi il ne faut pas voir en Dieu un producteur qui fait concurrence à sa création ou un opérateur qui tire les ficelles d'en haut. Il faudrait plutôt concevoir Dieu comme un envers dont le monde ne serait que l'endroit, si cela ne risquait pas de nous exposer à l'erreur panthéiste. En effet, le monde constitue une telle manifestation de Dieu, une telle extériorisation de sa vie intime que, selon un dicton des sages de l'Inde, celui qui se connaît lui-même connaît le monde, et connaît Dieu.

La causalité divine est si profondément intégrée aux êtres naturels qu'elle échappe totalement à notre observation. C'est pourquoi Dieu fait figure de grand absent dans l'univers visible. Pourtant, la beauté et l'immensité de ses œuvres témoignent déjà assez bien de sa puissance et de sa grandeur. Et même s'il déployait les miracles les plus éclatants, je ne pense pas que sa présence et son action en deviendraient plus évidentes. On sait très bien que tout ce qui est perçu comme intervention divine par les uns peut être interprété par les autres comme phénomène, parfois étrange certes, mais naturel et que la science finira bien par expliquer.

En fait, ce qu'il y a de bien plus étrange, c'est que les miracles et les révélations surnaturelles, qui étaient monnaie courante dans les temps anciens, soient à peu près disparus de la face de la terre à mesure que la pensée rationnelle s'est affermie. Cette constatation m'incline fortement à penser que le miracle se situait dans le regard du croyant bien plus que dans le corps du miraculé. Le plus probable, c'est que les anciens croyants adoraient parler de prodiges et en racontaient à tout propos, non pas pour prouver que Dieu existe ou agit quelque part, ce qui était évident pour eux, mais bien parce qu'ils étaient doués de la vision intérieure qui leur permettait de voir partout l'action de Dieu. Et cette attitude était d'autant plus naturelle chez eux que les explications rationnelles ne leur étaient pas accessibles comme elles le sont de nos jours.

Maintenant que le développement de la conscience rationnelle nous a éloignés de cette attitude naïve, il ne faut pas exiger de Dieu plus ample manifestation de lui-même que l'univers majestueux qu'il déploie sous nos yeux. Il nous reste tout de même comme voie d'accès au divin cette merveilleuse faculté de connaissance, la raison, qui, si nous savons nous en servir correctement, peut nous apprendre les vérités les plus profondes et les plus consolantes qui soient. C'est à nous maintenant que revient la responsabilité de découvrir Dieu.

Mais est-ce que nous pouvons vraiment le faire de façon convaincante si nous n'avons pas au moins un reste de foi ou de pressentiment des réalités divines ? Je me donne beaucoup de peine pour prouver rationnellement des choses que je sens bien plus que je ne les comprends. Peut-être en est-il de même de la part de mes lecteurs.

La meilleure voie pour approcher ces mystères, c'est sans doute d'observer les personnes qui sont exposées aux pires souffrances et qui, malgré tout, demeurent capables de dire oui à la vie. Certaines personnes ont développé une telle compassion qu'elles en arrivent à souffrir plus de la souffrance de leurs semblables que de la leur propre. À cette pensée, on oublie les guerres et les cataclysmes. On ne rêve plus de refaire le monde sur le modèle des utopies. On se dit: Dieu a très bien fait les choses et nous amène vraiment à ce qui est le plus admirable, car que peut-il y avoir de plus grand et de plus beau qu'un cœur pur?

C'est là aussi que l'on comprend vraiment que Dieu est un grand amoureux. Ce qu'il crée de plus merveilleux dans l'humanité, c'est ce qui lui ressemble le plus. Parfois, on se demande ce que pourrait bien être la «vision béatifique» promise par les théologiens aux élus qui seraient admis en présence de Dieu dans le ciel. Eh bien! quand on est habité par l'amour et la compassion, on est déjà rempli de Dieu. Quand les personnes qui nous sont proches, nos concitoyens, l'humanité entière, sont devenus notre bien le plus précieux, nous savons de quoi est occupée la vie de Dieu et nous y participons déjà.

CHAPITRE 11

Et après la mort ?

Quand la mort frappe à notre porte, nous sommes inévitablement tourmentés par l'angoisse et le doute. Toutes les fibres de notre être ne répugnent-elles pas à l'idée que nous soyons séparés à tout jamais des personnes que nous aimons et qui nous aiment, de la beauté de la vie, de tout ce que nous avons construit ? Et puis, en ce qui concerne ma génération, elle a été tellement terrorisée par le spectre de l'enfer que la mort peut difficilement apparaître comme le chemin vers un lieu de bonheur paradisiaque.

Pourtant, quand je réfléchis correctement à la nature de l'être humain, je suis forcé d'admettre que la mort ne peut être autre chose qu'une transformation de plus, un passage vers un nouvel état de conscience.

Il n'est pas nécessaire d'avoir eu accès à des révélations particulières pour penser ainsi. Nous jouissons tous, à ce sujet, d'un pressentiment qui a autant de valeur qu'une révélation : la conviction universelle et immémoriale de l'immortalité d'une partie de notre être témoigne d'une intuition si fondamentale que bien peu de personnes peuvent y résister. Mais au-delà de l'intuition, la raison amène les philosophes à la même conclusion. Voici en résumé l'argumentation qui a été le plus communément avancée pour démontrer une telle vérité.

Comme point de départ, il s'agit de réfléchir à la façon absolument unique qu'ont les humains de connaître toutes choses. Il y a un fossé infranchissable entre notre capacité de raisonner et l'appareil cognitif du singe, même le plus évolué. Seuls les humains sont capables d'avoir des idées *universelles*, ce qui signifie ceci : notre intelligence conçoit des notions qui peuvent exister dans une infinité de cas particuliers et qui sont *abstraites*, c'est-à-dire séparées de tous ces cas particuliers. Par exemple, le concept de « tulipe » représente, sans exception, tous les exemples de tulipes que l'on a observées ou que l'on pourrait découvrir à l'avenir. De même en est-il pour le concept de « fleur », qui est plus général, et encore plus pour celui de « végétal », qui s'applique à toutes les plantes sans exception.

Si les animaux avaient de telles conceptions générales, ils auraient fait comme nous : ils auraient inventé des noms, un langage pour échanger ces idées entre eux. Au contraire, ils n'ont pas d'autres représentations et souvenirs que ceux des êtres concrets particuliers qu'ils connaissent. Le chien reconnaît son maître, mais il n'a aucune idée de ce qu'est un maître en général. Certains animaux jouissent, il est vrai, d'une capacité étonnante de percevoir des ressemblances entre les êtres et d'établir des relations qui donnent l'impression d'une certaine intelligence. Par exemple, le singe et même certains oiseaux peuvent utiliser des outils, mais de là à concevoir des notions vraiment universelles et abstraites, il y a un abîme qu'aucun d'eux ne peut franchir.

De même, si les animaux avaient quelque intelligence, ils auraient inventé des civilisations comme nous. Ils auraient créé des œuvres d'art, de la littérature, de nombreux rites, qu'ils auraient fait évoluer au cours du temps. Au contraire, les quelques rituels qu'ils pratiquent, comme les cérémonies d'accouplement, sont immuables de génération en génération. Donc ils n'ont pas accès à la connaissance universelle et abstraite.

Par ailleurs, si une idée est universelle, elle doit nécessairement être *immatérielle*, car, si elle était constituée d'une matière particulière, elle ne pourrait représenter tous les êtres matériels possibles. Ainsi l'image que je me fais d'un certain individu, par exemple Albert Einstein, ne peut représenter personne d'autre que ce savant, parce qu'elle est liée à la matière singulière dont ce savant était constitué et qui est représentée par son portrait. Le souvenir que j'en retiens est donc une image mentale, imprimée dans ma mémoire. Cette image comporte un aspect matériel, que l'on peut d'ailleurs reproduire sur carton au moyen de la photocopie. Au contraire, le concept de « savant physicien », qui est universel, est séparé de toute matière singulière et peut représenter n'importe quel cas particulier, comme les physiciens Newton, Heisenberg ou Planck.

Par suite, si notre intelligence est capable de produire des représentations complètement séparées de la matière, elle doit nécessairement être elle-même immatérielle. Il est cependant évident qu'elle travaille toujours en étroite collaboration avec les fonctions sensorielles, qui lui fournissent les images matérielles à partir desquelles elle abstrait les notions universelles. Par exemple, c'est à partir de l'observation visuelle répétée de plusieurs fleurs particulières, qui avaient de nombreux traits communs, que les botanistes sont arrivés à définir l'espèce « tulipe ». C'est ainsi que sont construites les définitions de toutes les espèces minérales, végétales et animales.

Si notre intelligence pousse l'abstraction plus loin, elle s'élève à des concepts comme la beauté, la bonté, la vérité, l'être, le néant, où il n'y a plus aucune référence à la matière : ce sont des notions extrêmement abstraites, que l'on peut définir sans qu'il soit nécessaire de penser à aucun être matériel. Donc, au départ, l'intelligence utilise comme support de ses opérations des images matérielles, mais, par un processus d'abstraction, elle s'élève à des conceptions purement immatérielles. Par conséquent, elle est, en elle-même, de nature immatérielle. C'est ce que l'on signifie quand on dit que l'âme humaine est *spirituelle*.

Or l'observation la plus banale rend évident le fait que toute mort et toute destruction consistent dans une décomposition ou une désintégration d'une matière quelconque. Il s'ensuit que notre esprit, qui n'est pas fait de matière, ne peut être détruit. Donc il est *immortel*.

Voilà ce que dit la philosophie, celle de Platon, d'Aristote, de Thomas d'Aquin et d'une foule d'autres, aussi bien musulmans que juifs ou chrétiens. L'autorité de tous ces grands esprits me suffit amplement pour confirmer mes propres intuitions et mes propres déductions.

Alors qu'arrive-t-il après la mort ? Très précisément… je n'en ai aucune idée. Mais ce qui soutient mon espérance, c'est la pensée que la vie nous est donnée pour arriver à comprendre que nous sommes aimés de Dieu. Et le symbole le plus clair de cette réalité, c'est l'amour que nous partageons avec nos proches, puis celui que nous portons à tous nos semblables et même aux animaux, aux plantes et à la terre qui nous nourrit. Si Dieu nous a créés pour un tel destin, si son projet final est de nous associer éternellement à sa propre vie, si même, non seulement tous les hommes, mais encore des infinités d'autres êtres inimaginables, dans une infinité d'autres mondes, ont été ou seront appelés à participer à cette exaltante célébration de l'Être, alors la mort devient un événement hautement désirable.

La tradition chrétienne a imaginé dans l'autre monde des lieux déterminés en fonction de la bonté ou de la méchanceté présumées des mourants : ciel, enfer, purgatoire et limbes. La « pesée des cœurs » jouait un rôle analogue chez les Égyptiens. Le cœur du mort était mis en balance avec la justice et la vérité. S'il y avait équilibre entre les deux plateaux de la balance, le mort était sauvé, sinon son cœur était dévoré par un monstre. La plupart des Orientaux, quant à eux, croient à la réincarnation comme moyen de faire évoluer l'âme jusqu'à sa libération. Il semble donc y avoir un consensus universel sur l'idée que l'on ne franchit pas le seuil de l'éternité sans avoir à rendre des comptes sur la façon dont on a géré sa vie terrestre.

Si je réfléchis à cette question d'un point de vue purement rationnel, il me semble que cette intuition ne manque pas de justesse. D'une part, il m'apparaît vraisemblable que notre évolution spirituelle doive avoir été complétée quand nous arrivons au terme de notre vie. Pour ceux qui croient à la réincarnation, cet accomplissement, qui n'est pas nécessairement réalisé dans une première vie, pourra être atteint après un certain nombre de vies.

D'autre part, si je suis cohérent avec ce que j'ai déjà dit sur la nature du bonheur, je suis bien obligé d'admettre que nous ne pouvons passer dans l'autre vie sans avoir traversé un processus de transformation au cours duquel nous avons acquis, par notre libre choix, l'état de vertu et de bonté nécessaire au bonheur. Il semble absolument inconcevable qu'un criminel puisse se transformer instantanément en un saint au moment de la mort. Pourtant, qui peut se prononcer là-dessus ?

Comme je l'ai déjà dit, le bonheur est nécessairement le fruit d'une disposition intérieure et d'un choix personnel. Par conséquent, ce qui m'apparaît le plus probable, c'est que tout homme ait, durant sa vie, la possibilité d'acquérir le bonheur, lequel constitue la fin dernière de la vie humaine.

Par ailleurs, personne ne sait vraiment ce qui se passe dans l'esprit d'un mourant, ni combien de temps est requis à la conscience pour accomplir une évolution même extrêmement importante. Des personnes placées devant des situations de mort imminente ne racontent-elles pas avoir vu l'entièreté de leur vie défiler dans leur esprit en quelques instants ?

Évidemment, il est un peu difficile d'imaginer Adolf Hitler fraternisant avec le Mahatma Gandhi dans les jardins du paradis. Pourtant, il est absolument impossible de savoir ce qui se passe réellement dans l'esprit des autres, ni quelles sont leurs vraies motivations, ni quelle est leur véritable responsabilité. Alors, sommes nous plus capables de juger les dispositions morales dans lesquelles ils peuvent se trouver quand vient le temps de faire face à la mort ?

En tout cas, je considère que Dieu, puisqu'il est infiniment bon, n'a pu créer aucun humain ni aucun autre être intelligent, s'il en est ailleurs dans l'univers, dans le but de le condamner au malheur éternel. Par conséquent, je tiens pour absolument certain que nous arriverons tous, avant de mourir, à un degré de perfection morale, de bonté, d'amour et de compassion qui nous rendra dignes de profiter d'une excellente éternité.

Pour ce qui est de tous les lieux de plaisirs ou de tourments imaginés par les religions traditionnelles pour récompenser les bons et punir les méchants, je crois qu'il faut les interpréter comme tout ce qui relève de la mythologie. Ce sont les symboles des luttes intérieures qui déchirent l'âme humaine au cours de la vie : la culpabilité ressentie au souvenir de ses erreurs passées ; l'angoisse en face des souffrances et de la mort ; les aspirations naturelles à un rétablissement final de la justice ; la soif de vengeance, etc. Ces mythes ont sûrement été nécessaires à l'humanité au cours de son évolution, mais maintenant, la conscience aiguë de notre responsabilité personnelle devant nous-mêmes et devant nos semblables n'a plus besoin de ces motivations extérieures : le juge et le bourreau ont été suffisamment intériorisés par la plupart d'entre nous pour que nous n'ayons plus besoin de ces épouvantails, ni de ces appâts, pour nous garder dans le droit chemin.

Il est donc clair pour moi que la mort est un bref passage vers un état de conscience qui continuera et qui cristallisera les trésors de bonheur amassés au cours de notre vie. Je ne m'attends donc pas à des révélations fracassantes quand je fermerai les yeux sur ce monde-ci pour les ouvrir sur l'autre, de la même façon que, dès ici-bas, je ne nourris pas l'espoir ni la crainte de voir mon destin basculer, soudainement et comme par hasard, dans des extrêmes de bonheur ou de malheur que je n'avais nullement imaginés. Je tâche donc d'imiter cette aïeule exceptionnelle de ma proche famille qui avait trimé dur pour bien remplir son rôle de mère de quinze enfants et qui, sur son lit de mort, disait à ceux qui la veillaient: «Quand je serai morte, ne pleurez pas pour moi, car j'ai vu ce qui m'attend et c'est si beau!» Ce qui l'attendait ressemblait sûrement beaucoup à ce qu'elle vivait déjà depuis longtemps dans le secret de son âme.

Conclusion

Notre époque est ébranlée par de profonds bouleversements spirituels. Les croyances qui ont guidé nos devanciers et leur ont permis de se savoir participants d'un projet divin d'une ampleur cosmique semblent s'être dangereusement affaiblies, usées par le temps et par la critique rationaliste.

Notre ancienne religion s'élevait dans le ciel comme une cathédrale majestueuse, et la plupart des gens de ma génération se sentaient rassurés et transfigurés à la seule pensée de vivre dans ses murs. Encore aujourd'hui, quand, par exemple, j'écoute la *Messe en si mineur* de Jean-Sébastien Bach, je ne peux faire autrement que d'être transporté dans un univers d'une grandeur et d'une beauté extrêmement impressionnantes.

Maintenant, au Québec, comme dans de nombreux pays de l'Europe, il ne reste plus que des temples presque vides, que nous continuons à entretenir avec le zèle des historiens, des archéologues et des conservateurs de musée. Je sens, dans cette ferveur de collectionneur, la crainte de voir disparaître dans la débâcle des trésors irrécupérables, un peu comme des espèces en voie d'extinction. Et ce n'est pas sans raison, car nous sommes de moins en moins sûrs de conserver encore le lien avec nos racines.

Ce vertige qui s'est emparé de notre civilisation est vraisemblablement la conséquence obligée de notre affranchissement de la pensée dogmatique qui, pendant de nombreux siècles, avait imposé son autorité à tout l'Occident. Nous sommes, en grand nombre, devenus des libres penseurs. Malgré toute l'insécurité qui en découle, nous sommes peut-être en train de vivre un passage dangereux qui est sur le point de nous propulser vers un renouveau spirituel encore insoupçonné. À mon avis, la pratique religieuse traditionnelle cède de plus en plus la place à un culte intérieur, comme si l'on comprenait maintenant que la vraie religion est celle du cœur et que « la lettre tue » tandis que « l'esprit vivifie[54] ».

Mon propre cheminement spirituel est aussi, je pense, celui de beaucoup de mes contemporains. Il peut donner l'impression d'un abandon des anciennes valeurs, d'un recul irrémédiable du sacré devant l'envahissement du profane. Pourtant, je crois fermement que plusieurs chrétiens ressentent le besoin d'entrer en relation directe avec Dieu. Ils sont de moins en moins sensibles à la médiation des rites et des croyances collectives des générations précédentes. À mon avis, une telle attitude s'harmonise naturellement avec le message de Jésus, entre autres, la promesse de laisser son Esprit à ses disciples, pour les consoler de son départ et continuer son œuvre au plus profond de leur être :

> J'ai encore beaucoup de choses à vous dire, mais vous ne pouvez le porter à présent. Mais quand il viendra, lui, l'Esprit de vérité, il vous introduira dans la vérité tout entière ; car il ne parlera pas de lui-même, mais ce qu'il entendra, il le dira et il vous dévoilera les choses à venir. Lui me glorifiera, car c'est de mon bien qu'il recevra et il vous le dévoilera[55].

Jésus est bien clair quand il explique à ses disciples qu'ils ne peuvent pas tout comprendre de sa prédication tout de suite : il faudra que l'Esprit vienne compléter son enseignement. Cela veut dire que certaines choses peuvent avoir été entendues par leurs oreilles, mais que le sens véritable de ces paroles ne leur était pas encore accessible. Il s'agit donc d'une révélation d'un nouveau type, une révélation qui s'adresse à l'oreille intérieure. Or ce qui se produit dans le cœur de l'individu lui appartient comme un bien propre et aucune autorité ne peut prétendre en assumer la gérance. Quand on a vraiment compris une vérité, parce qu'une intuition l'a rendue manifeste, on n'a plus besoin de la recevoir du dehors, on n'a plus besoin de croire, on « sait » : la *foi* personnelle vient alors remplacer la *croyance*. Cela est encore plus vrai si l'on a acquis l'évidence intellectuelle. Cependant, le fait de ne se fier qu'à notre propre intuition et nos analyses personnelles ne nous autorise pas à juger et à condamner ceux qui ne partagent pas nos évidences. Si la capacité de douter de soi-même était plus répandue, il y aurait sûrement moins de haine et de guerres sur notre planète. Il est profondément attristant de constater combien de conflits sanglants résultent de la conviction de posséder la vérité, alors qu'il est si beau de voir tous les humains chercher cette même vérité avec tant d'ardeur et de sincérité.

Maintenant, je sais que Dieu est tout proche des humains. Cependant, il n'est pas facile d'en être pleinement conscient. Malgré l'éducation ultra-chrétienne que j'ai reçue, je me suis moi-même très souvent senti seul au monde, abandonné à mon sort, comme si Dieu n'existait pas. La vie nous impose tant de tâches et de projets qu'il est naturel d'y investir toute notre énergie et de ne pas toujours pouvoir être attentif à l'essentiel. Mais aujourd'hui, j'ai compris que la divinité se tient près de moi, qu'elle m'habite et que je ne suis pas seul et ignoré comme une poussière insignifiante dans l'immensité de l'univers.

Les démonstrations très abstraites que je me suis efforcé de développer, pour rendre évidente cette réalité de la présence aimante de Dieu dans l'être humain, peuvent avoir eu l'allure de pures spéculations sans rapport avec la vie concrète. Il n'en est rien. Toutes ces propositions sont pour moi autant de vérités absolument vitales. Sans elles, ma vie n'aurait plus aucun sens.

Ce besoin de vivre en Dieu, je ne suis pas seul à le ressentir. Beaucoup d'Occidentaux sont en quête de sens et de spiritualité. C'est pourquoi un grand nombre cherchent au loin, dans des religions exotiques ou dans de nouvelles sectes, un secours qu'ils pourraient sans doute retrouver dans notre riche tradition. À ce sujet, relisons la savoureuse histoire hassidique rapportée par Mircea Eliade :

> [Un] pieux rabbin, Eisik de Cracovie, eut un rêve qui lui enjoignait d'aller à Prague : là, sous le grand pont menant au château royal, il découvrirait un trésor caché. Le rêve se reproduisit trois fois, et le rabbin se décida à partir. Arrivé à Prague, il trouva le pont, mais gardé jour et nuit par des sentinelles : Eisik n'osa pas fouiller. En rôdant toujours aux alentours, il attira l'attention du capitaine des gardes ; celui-ci lui demanda aimablement s'il avait perdu quelque chose. Avec simplicité, le rabbin lui raconta son rêve. L'officier éclata de rire : « Vraiment, pauvre homme !, lui dit-il, tu as usé tes souliers à accomplir tout ce chemin simplement à cause d'un rêve ? Quelle personne raisonnable croirait à un rêve ? » L'officier lui aussi avait entendu une voix en rêve : « Elle me parlait de Cracovie, m'ordonnant d'aller là-bas et de chercher un grand trésor dans la maison

d'un rabbin dont le nom était Eisik, Eisik fils de Jekel. Le trésor devait être découvert dans un coin poussiéreux où il était enterré derrière le poêle. » Mais l'officier n'ajoutait aucune foi aux voix entendues en rêve : l'officier était une personne raisonnable. Le rabbin s'inclina profondément, le remercia et se hâta de rentrer à Cracovie. Il creusa dans le coin abandonné de sa maison et découvrit le trésor qui mit fin à sa misère[56].

Il se trouve en effet que les enseignements importés d'autres cultures peuvent venir enrichir notre vision du monde, et, en même temps, nous rendre sensibles à des vérités que nous possédions déjà mais que nous avions perdues de vue. Il est sans doute très instructif de méditer sur les grands textes de l'Orient comme le *Tao-te-king*, les paroles du Bouddha, les *Upanishads*, la *Bhagavad-gîtâ*, etc. J'y ai d'ailleurs appris des choses profondes sur moi-même, sur l'univers et sur Dieu. Les réflexions de cet essai s'appuient largement sur ces intuitions d'une extrême richesse, qui sont le fruit de plusieurs millénaires de quête spirituelle.

Toutefois, je me demande si cette sagesse étrangère ne doit pas surtout nous renvoyer, comme le rabbin de Cracovie, à nos propres trésors. L'âme occidentale s'est constituée à travers une évolution passablement étrangère à celle de l'Orient. Sans vouloir porter un jugement critique sur les pratiques orientales et ne me fondant que sur mon expérience personnelle, je suis porté à croire qu'il y a des formes de méditation, voire de prière, mieux adaptées à notre esprit raisonneur et à notre conscience assez peu encline à se laisser absorber par la contemplation du « vide ». Il n'est peut-être pas très naturel à la plupart d'entre nous de méditer sans fixer nos esprits sur des pensées ou des images déterminées. Par le passé, c'était le récit des mystères de la vie de Jésus-Christ qui, le plus généralement, servait de nourriture à la méditation. Maintenant que son Esprit a été répandu sur nous, c'est en soi que chacun peut rencontrer Dieu. La conscience d'être habité par Dieu, comme Jésus l'a été lui-même, me semble maintenant devenue le bien commun de toute l'humanité : il y a là, je crois, matière à alimenter beaucoup de méditations.

L'homme moderne a acquis une confiance en lui-même et une conscience de sa propre valeur d'une telle ampleur que je ne peux m'empêcher d'y voir la manifestation d'une force morale tout à fait nouvelle, qui n'est sans doute pas sans lien avec ce que le don de l'Esprit symbolise. Je ne vois pas comment il aurait été possible dans les sociétés traditionnelles de prendre une telle distance par rapport aux croyances collectives reçues comme des paroles sacrées. Les anciens tremblaient devant les dieux et les démons, alors que nous cherchons la vérité sans craindre les foudres de l'au-delà.

Il semble que se réalise enfin le projet prométhéen de ravir le feu aux dieux pour le donner aux hommes. Les choses se passent comme s'il était intervenu une passation de pouvoirs entre une autorité qui avait jadis son siège hors de l'homme et une instance dorénavant localisée à l'intérieur de l'esprit humain.

Dans les milieux religieux, on perçoit souvent l'athéisme comme une révolte luciférienne et un rejet du sacré. Or quand on observe la mentalité des libres penseurs, on est frappé par le zèle avec lequel ils défendent les valeurs qui sont devenues leur nouveau credo. Je pense, par exemple, à des principes comme l'inviolabilité et l'inaliénabilité de la personne, les droits et libertés individuels, l'égalité de tous devant la loi, les libertés d'opinion et d'expression, le droit à une vie décente, etc. Ces valeurs ont acquis, en Occident, le statut de normes absolues qui s'imposent avec la même autorité que les anciens dogmes et les anciennes tables de la loi. D'ailleurs, certains de ces principes étaient jadis reconnus et imposés comme révélés par les dieux. Ainsi, j'ai l'impression que certaines vérités sacrées, qui étaient autrefois cautionnées par l'autorité divine, sont devenues la propriété de la conscience individuelle, sans perdre leur caractère sacré. N'y aurait-il pas une forme de rapprochement du sacré et du profane dans ce processus ?

Ce que je soupçonne, c'est que le caractère absolu des principes qui sont aujourd'hui au fondement des sociétés laïques découle d'une intuition essentiellement naturelle de la dignité et de la sacralité de la personne humaine. Heureusement pour l'humanité, avant comme après les religions, il y a eu cette intuition du sacré qui demeure indestructible à travers toutes les évolutions de notre espèce. En raison de cela, je suis porté à croire que le rapport à l'Absolu, donc au divin, est inscrit dans notre psychisme de façon aussi déterminante qu'un instinct.

Cette influence peut être subie comme une fatalité ou un impératif venant d'un être surnaturel extérieur, vénéré par la croyance collective : tel est le cas de la majorité des religions traditionnelles. Le sacré peut aussi être ignoré lorsque la conscience est totalement absorbée dans les activités profanes : on pressent alors le caractère absolu de certaines valeurs, mais on n'est pas sûr de l'origine d'un tel prestige. Le point capital, dans toute cette affaire, me semble résider dans le fait d'admettre le caractère sacré de ces vérités, même si on le fait reposer exclusivement sur les exigences de la rationalité.

Il n'en reste pas moins qu'il m'apparaît plus satisfaisant pour l'esprit et plus sain pour la vie émotionnelle de savoir clairement que l'absolu dans l'homme est une donation de l'Absolu qui est Dieu. Ce faisant l'harmonie se trouve rétablie entre l'intuition et la raison.

La liberté d'esprit dont nous jouissons aujourd'hui découle, selon moi, de l'évolution psychique que j'ai tenté de décrire dans cet essai et qui est bien symbolisée dans le Nouveau Testament par le souffle de l'Esprit qui est censé s'être répandu sur tous les hommes. Il s'agit d'une immense libération du poids de la tradition, d'un mûrissement qui nous a rendus capables de penser par nous-mêmes. Mais, en même temps, c'est là un héritage qui nous met en face de responsabilités et de dangers considérables.

Pour moi, la question de Dieu n'est ni anodine ni purement théorique. Maintenant qu'il nous est difficile de nous en remettre aux dogmes, nous sommes obligés de gérer nous-mêmes notre rapport avec le sacré et le divin. Nous pouvons nous persuader que ce n'est qu'une question de croyances ou d'opinions, auxquelles nous serions aujourd'hui, fort heureusement, parfaitement libres d'adhérer ou non. Mais sommes-nous vraiment libres de chercher ou non un sens à notre vie ? Sommes-nous vraiment capables de nous accommoder de l'absurde aussi bien que du sens ? Ne risquons-nous pas de chercher le sacré dans les lieux les plus insolites qui soient, même de rétrograder vers les cultes les plus archaïques, comme on en voit ressurgir çà et là ?

Et, finalement, pourquoi se priverait-on de Dieu quand on peut s'en nourrir à volonté ? Pourquoi se refuser une pensée aussi bienfaisante que celle de la proximité d'un Dieu qui nous a posés dans l'être pour que nous participions à l'amour qui fait l'essence de sa propre vie ? Je laisse à la méditation de celle ou de celui qui a bien voulu me suivre jusqu'ici, cet admirable témoignage de la jeune Etty Hillesum, trois mois avant sa mort à Auschwitz :

> Toi qui m'as tant enrichie, mon Dieu, permets-moi aussi de te donner à pleines

> mains. Ma vie s'est muée en un dialogue ininterrompu avec Toi, mon Dieu. Quand je me tiens dans un coin du camp, les pieds plantés dans la terre, les yeux levés vers ton ciel, j'ai parfois le visage inondé de larmes – unique exutoire de mon émotion intérieure et de ma gratitude. Le soir aussi, lorsque couchée dans mon lit je me recueille en Toi, mon Dieu, des larmes de gratitude m'inondent parfois le visage, et c'est ma prière[57].

Cette jeune juive, qui ne parle jamais de sa propre religion, ni dans son journal, ni dans ses lettres, et qui ne semblait de prime abord nullement douée pour la voie mystique, a réussi à combler son destin cruel de condamnée à mort d'une richesse de sens que l'on ne peut faire autrement que d'envier. Le spectacle ahurissant des convois qui venaient dans son camp, semaine après semaine, faire le plein de victimes vouées aux plus horribles souffrances, ne l'a pas détournée de sa confiance indéfectible en la bonté de Dieu. Elle est donc la preuve vivante que l'on peut nourrir une relation extrêmement vivante avec lui, même quand on a cessé de se considérer comme affilié à aucune confession religieuse.

La vérité, c'est que Dieu ne peut être revendiqué comme possession exclusive par aucune religion. C'est une attitude proprement archaïque que de faire la guerre au voisin parce que l'on prétend posséder un Dieu plus fort que le sien. Également, comment croire qu'on est seul à servir le vrai Dieu alors que tous les autres seraient faux?

Dieu parle plusieurs langues, toutes les langues des hommes. Pour lui, la tour de Babel n'est pas un problème. Il s'est adressé à chaque civilisation dans la langue qu'elle parlait et à travers les images et les symboles qui lui étaient propres. Le message est infiniment varié selon les lieux et les époques, mais le Dieu qui se révèle est toujours le même. Quand on les écoute attentivement, toutes les religions de la terre nous apprennent des choses importantes sur lui.

C'est pourquoi j'estime extrêmement important que la philosophie assume la tâche de démontrer que Dieu est le fondement universel de l'être et qu'il se soucie de tous les hommes avec une égale sollicitude.

La prise de conscience que toutes les religions adorent le même Dieu conduit à l'évidence que, malgré la multiplicité des confessions, il n'y a en fait qu'une seule et unique religion, laquelle est universellement répandue sur la terre. La multiplicité et l'extrême diversité des cultes servent à manifester de la façon la plus merveilleuse la richesse et la fécondité de l'esprit humain. Ce serait un appauvrissement déplorable que tous les humains dussent arriver à tous pratiquer la religion de la même manière, comme à parler la même langue ou à créer la même musique.

Le sacré recèle une telle profondeur de sens que toute l'imagination et tous les raisonnements de l'humanité ne sont pas de trop pour traduire cette expérience inépuisable. Les hommes finiront bien par voir que les différences qui opposent leurs croyances ne sont rien en comparaison de ce qu'elles ont en commun : le même Dieu créateur et grand amoureux de tous les êtres. Ces infinies nuances et variétés ne sont-elles pas les facettes chatoyantes d'une même pierre précieuse enfouie au cœur de chaque humain ?

Quelques titres autour du sujet

ELIADE, Mircea. *Le sacré et le profane*, Paris, Gallimard, 1979.

FERRY, Luc. *L'homme-Dieu*, Paris, Bernard Grasset, 1996.

FERRY, Luc et Lucien JERPHAGNON. *La tentation du christianisme*, Paris, Bernard Grasset, 2009.

HARPUR, Tom. *Le Christ païen*, traduit par Élise de Bellefeuille et Michel Saint-Germain, Montréal, Boréal, 2005.

HILLESUM, Etty. *Une vie bouleversée, Lettres de Westerbork*, traduit par Philippe Noble, Paris, Éditions du Seuil, 1995.

JONAS, Hans. *Le concept de Dieu après Auschwitz*, traduit par Philippe Ivernel, Paris, Payot & Rivage, 1994.

LANGUIRAND, Jacques et Jean PROULX. *Le Dieu cosmique : à la recherche du Dieu d'Einstein*, Montréal, Le Jour éditeur, 2008.

LENOIR, Frédéric. *Le Christ philosophe*, Paris, Plon, 2008.

SCHMITT, Éric-Emmanuel. *Mes Évangiles*, Paris, Albin Michel, 2004.

VANIER, Jean. *Le goût du bonheur: au fondement de la morale avec Aristote*, Paris, Presse de la Renaissance, 2007.

Notes

1. Boèce, *Consolation de la philosophie*, traduit par Colette Lazam, Paris, Éditions Rivages, 1989, p. 57-58.
2. Walpola Rahula, *L'enseignement du Bouddha d'après les textes les plus anciens*, Paris, Éditions du Seuil, 1961, p. 19.
3. *Ibid.*, p. 28.
4. Cicéron, *De Natura Deorum*, livre I, traduit par M. van den Bruwaene, Bruxelles, Latomus, coll. «Revue d'études latines», 1970, p. 102-106.
5. Lucien Lévy-Bruhl, *La mentalité primitive*, édition électronique réalisée à partir de l'édition de Paris : Les Presses universitaires de France, 1922. [en ligne]. [http://classiques.uqac.ca/classiques/levy_bruhl/mentalite_primitive/mentalite_primitive_1.pdf] (consulté le 8 juin 2009)
6. C. G. Jung, *Types psychologiques*, Genève, Georg Éditeur, 1986, p. 453-454.
7. Émission *Second Regard*, 9 décembre 2007, disponible sur le site de Radio-Canada. Éric Emmanuel Schmitt rapporte aussi cette expérience dans l'avant-propos de *Mes Évangiles*, Paris, Albin Michel, 2004, p. 8-9.
8. Aristote, *De l'âme*, Livre III, c. 5, 430 a 23.
9. Albert Einstein et Léopold Infeld, *L'évolution des idées en physique*, Paris, Petite bibliothèque Payot, 1963, p. 34.
10. Luc Ferry et Lucien Jerphagnon, *La tentation du christianisme*, Paris, Bernard Grasset, 2009, p. 47.
11. Marc-Aurèle, *Pensées pour moi-même*, traduction Mario Meunier, Paris, GF Flammarion, n° 16, 1964 et 2005, p. 82.
12. Frédéric Lenoir, *Le Christ philosophe*, Paris, Plon, 2007.

13. Hannah Arendt, *La philosophie de l'existence et autres essais*, Paris, Bibliothèque philosophique Payot, 2000, p. 132.
14. Descartes, *Méditations métaphysiques*, Paris, Presses universitaires de France, 1970, p. 73.
15. Aristote, *La métaphysique*, livre α, chapitre 2.
16. Jean-Paul Sartre, *La nausée*, Paris, Gallimard, 1938, p. 185.
17. Antoine de Saint-Exupéry, *Citadelle*, Paris, Gallimard, coll. « Le livre de poche », 1948, ch. XX, p. 101.
18. *Summa theologiae*, 1a pars, q.2, art. 3, corp. La traduction est de moi. Thomas d'Aquin, de l'ordre des dominicains, est considéré comme le docteur le plus éminent de l'Église et l'un des plus grands génies de l'histoire de l'Occident. Il fut un des premiers maîtres de l'Université de Paris. Son rôle fut extrêmement important dans l'introduction de l'aristotélisme dans la philosophie médiévale.
19. *Ibid.*, art. 2, ad 1um.
20. Rudolf Otto, *Le sacré*, traduit par André Jundt, Paris, Éditions Payot, 1969.
21. Saint Augustin, *Les confessions*, traduction Joseph Trabucco, Paris, Garnier-Flammarion, 1964, p. 134.
22. Spinoza, *L'Éthique*, traduction Roland Caillois, Paris, Gallimard, 1954, p. 123.
23. Du latin *in* (dans) et *manens* (qui demeure) : ce qui se tient à l'intérieur de quelque chose.
24. Du latin *trans* (au-delà) et *scandere* (monter) : ce qui se tient au-dessus d'une chose.
25. Mircea Eliade, *Le mythe de l'éternel retour*, Paris, Gallimard, coll. « Idées », nº 191, 1969, p. 14. Les italiques sont de l'auteur.
26. Platon, *La république*, début du livre VII.
27. Nietzsche, *Ainsi parlait Zarathoustra*, traduit par Marthe Robert, Paris, Union générale d'éditions, 1958, p. 12.
28. Nietzsche, *Ecce homo, Comment on devient ce qu'on est*, traduit par Henri Albert, Paris, Denoël/Gonthier, coll. « Médiations », 1971, p. 156.
29. Épître aux Romains, 9, 20-21.
30. Voir, par exemple : Percival Davis et Dean H. Kenyon, *Of Pandas and People*, Dallas (Texas), Haughton Publishing Company, 1993.
31. Le terme « métaphysique » vient du grec *meta* (après) et *physica* (les choses naturelles). Le nom *Métaphysique* a

d'abord été donné à un traité d'Aristote qui venait juste après la *Physique*, laquelle traitait des choses physiques, c'est-à-dire des êtres naturels. Étant donné que ces derniers sont soumis au mouvement, il fallait ensuite étudier la source première du mouvement, le premier moteur, Dieu. À cause de cet enchaînement des traités, le deuxième fut appelé *Métaphysique* (celui qui vient après la *Physique*).

32. Thomas d'Aquin, *Summa theologiae*, 1a pars, q.83, art. 1, ad 3um. La traduction et les italiques sont de moi.
33. Marc-Aurèle, *op. cit.*, p. 94-95.
34. Cité dans : Jacques Languirand et Jean Proulx, *Le Dieu cosmique, à la recherche du Dieu d'Einstein*, Montréal, Le Jour éditeur, Montréal, 2008, p. 49.
35. Platon, *Les lois*, l. X, 891b – 899d.
36. Aristote, *La métaphysique*, livre λ, c.7, 1072b 10-30. L'appellation « premier moteur » doit être comprise comme signifiant la source première de tout mouvement dans la nature, ce qui vise principalement la génération et la corruption de tous les corps naturels. En effet, l'univers est en perpétuelle transformation et Dieu est la cause première de tous ces mouvements.
37. Platon, *La république*, livre II, 377d, et suivantes.
38. Aristote, *La métaphysique*, livre λ, c.8, 1074b 1-15.
39. Platon, *Les lois*, livre X, 901d, et suivantes.
40. Jean, 1, 1. *Logos*, du grec, veut dire « parole, discours, raison, jugement, raisonnement, cause ».
41. Platon, *Le Banquet*, 211d-e.
42. Spinoza, *L'Éthique*, p. 83, proposition XVI : « De la nécessité de la nature divine doivent suivre une infinité de choses en une infinité de modes [...] ». P. 98, corollaire I : « Il suit de là : 1° Que Dieu ne produit pas ses effets par la liberté de sa volonté. » P. 99, proposition XXXIII : « Les choses n'ont pu être produites par Dieu autrement qu'elles ne l'ont été, ni dans un autre ordre. »
43. Nietzsche, *Le gai savoir*, aphorisme 125, traduction Alexandre Vialatte, Paris, Gallimard, 1950, p. 169-170.
44. Voir Mircea Eliade, *Traité d'histoire des religions*, Paris, Petite bibliothèque Payot, 1979, p. 52-55.
45. 1 Jean, 4, 20.
46. Apocalypse, 20, 7-10.
47. Matthieu, 21, 31.
48. 1Corinthiens, 4, 3-5.

49. Rainer Maria Rilke, *Lettres à un jeune poète*, traduites par Bernard Grasset et Rainer Biemel, Paris, Bernard Grasset, 2005, p. 80-81. Les italiques sont de l'auteur.
50. Aristote, *Éthique à Nicomaque*, livre I, c. 10, 1099b10-25. Pour approfondir ces questions, lire l'excellent exposé de Jean Vanier: *Le goût du bonheur. Au fondement de la morale avec Aristote*, Paris, Presses de la Renaissance, 2007.
51. Aristote, *Éthique à Nicomaque*, livre I, c. 6, 1098a15.
52. Etty Hillsum, *Une vie bouleversée, et Lettres de Westerbork*, traduit par Philippe Noble, Paris, Éditions du Seuil, 1995, p. 214.
53. Philippiens, 2, 13.
54. 2 Corinthiens, 3, 6.
55. Jean, 16, 12-14.
56. Mircea Eliade, *Mythes, rêves et mystères*, Paris, Gallimard, coll. « Idées », 1957, p. 76-77.
57. Etty Hillesum, *op. cit.*, p. 316-317.

Remerciements

Je tiens à remercier ma femme, Monique, dont la présence indéfectible m'a permis de mener à terme ma réflexion sur le sens ultime de l'existence. Je la remercie également pour le précieux soutien qu'elle m'a apporté tout au long de mon travail de rédaction.

Merci aussi à mon collègue Martin Blais, philosophe et écrivain, pour le temps qu'il a bien voulu consacrer à la révision de mon texte et pour les remarques constructives qu'il n'a pas manqué de me faire.

Table des matières